オリンピック
それはフランスから始まった

― よもやまパリと柔道人生回顧録 ―

福田 満

渡辺出版

オリンピック　それはフランスから始まった

―よもやまパリと柔道人生回顧録―

はじめに

二度目のオリンピックが近づいている為か体育界、スポーツを生業とする人達及び関係者の組織団体の問題に、スキャンダルが次々と持ち上がり連日世間の耳目を集めている。前回の東京大会から凡そ五十余年が経過したのだから、その間の世界情勢の変遷展開からすれば、運営の規模、形態等は巨大化、専門化して当然であろう。プロ商業化したと云われているがそれも仕方ないことかも知れない。

しかしオリンピック創立の精神も、柔道を例にとって云えば日本武士道の奥義は何びともこれを疑ってかかる者は居ない筈だ。

その頃つまり東京大会（一九六四年）の前後私は少しばかり柔道の心得のある丸の内に通う一介のサラリーマンであった。ところが普段尊敬し恩義のある先輩達がその地位肩書を忘れてオリンピックの復活柔道日本の為になり振り構わず活動するのに遭遇したのである。

私は当然のことながら文字通り一人の斥候兵、突撃手となって命ぜられるままに次第にそれに没頭する様になった。若くしてフランスに在り、未だ世間もよく知らない純真な若者であったが、永年フランスの要人に親しく接していると、次第に幕末動乱の時最初に日本の文芸、思想を評価しその特性を西欧社会に周知せしめた、いわゆる「ジャポニズム」を喧伝したフランスとの係わりつまり歴史を少しばかり解って来た頃であったのでその交流の一端を勤める様になった。

一八九六年（明治二十九）近代オリンピックはフランスが創った。

嘉納治五郎は欧米人以外最初のアジア人として、一九〇九年（明治四十二）ＩＯＣ委員となり単身その中に飛び込んで日本の武士道精神を説いた。それは単に競技種目に柔道を採用させようと請願したのではない。オリンピックは西欧米国だけのものでない、もとより創設主管した男爵クーベルタンはスポーツを介して東西の文化五大州世界の融和に在ると強調していた。フランスＩＯＣは触発歓迎して「プロフェッサー・カノウ・ジャポン」を評価し盟約の仲となったのである。

然し一九六四年（昭和三十九）東京大会の前後、仏柔連と講道館（館長嘉納履正）との軋轢は深まるばかりで、一九六八年メキシコ大会には正式種目とならず、最悪の事態が現出した。

当時を知る者はいま殆んど故人となった。これには何の解説もいらない。次の「第四十八回国会衆議院体育振興に関する特別委員会議録第十五号」（昭和四十年五月二十八日）の記録が当時の切迫した状況を伝えている。文字通り政財界、産業界、学界、官界、言論界等々老いも若きも日本柔道復活の一語の下に結束した様相が語られている。

近年若い友人等はこの事実は誰も内容を詳しく知らない。そして、それら大先輩達は今はもはや政財界、産業界の中には一人も居ない。遠因として戦後の学制改革再編を指摘するものもいるが、それは問題は別で、現状から考えると悲しいことだが仕方ない。

改めてそれらのことを回想しながらひとりの市井の柔道家ＯＢとして本書をまとめたつもりである。

やがて忍び寄る老いは、私をどこぞの老人ホームに導いて、給食をたべながらそこでも相変わらず先輩達への熱い憶いを語っているかも知れない。

一九六四年のあと、日本も東京の街も、日本人も良い面も悪いところも大変貌をとげた。

そこに住む日本人は生活も作法も気質も驚くほど変わって仕舞った。

二〇二〇年のあと日本は、どうなるのだろうかと、ただそれが心配でならない。

Ⅳ. よもやまパリと柔道人生回顧録

V．二〇二〇年東京オリンピック再び

Ⅰ．たかが柔道　されど柔道　そして世界のＪＵＤＯ

柔道との出会い

少年の頃

終戦は昭和二十年（一九四五）、中学二年であった。

喧騒と混迷の世相も次第に落ち着いて、目の前のあらゆるものが変わっていくのが感じられた。学校生活も課外の活動では、いろんなスポーツや文芸活動がさかんになった。父が古道具屋から見つけてくれた、野球の皮のグローブは貴重で、草野球に暗くなるまで没頭していたものだ。というのは中学入学時に柔道を始めたものの、柔道部は学校武道禁止となった。せっかく友だちになったみんなはいいやつばかりだったし、先輩たちも話がおもしろくて勉強もできるという人たちだったから、急に縁を切るわけにもいかず、楽しい中学生活を続けていた。

ところで、昔から新潟では、「杉の子と男の子は育たない」といわれていた。

杉の木は日本海の荒海から吹き付ける北風に耐えられなかったのと、男の子は女の町、そして新潟美人の魅力に抗しえなかったためであったか。

娘時代をその本町、古町のど真ん中で育った母の話を聞くとそれがわかる。お城のある町としては長岡、高田、新発田などがあるが、明治以降海陸の軍隊のいなかった町としては、京都の三高のほか旧制高校のあったところとしては新潟だけであったと、多感な青年期を過ごした新潟高校で柔道部生活を送った作家綱淵謙錠は書いている。

そういわれてみると、私の中学生時代、街中で多勢の軍服姿の兵隊を見ることはほとんどなかったようだ。だからといって女々しい男ばかりではないと反発心も芽生えていた。

戦況が激しくなってから中学の校長は陸軍士官学校、海軍兵学校に志願する生徒が続々と出るのを自慢して、わが中学は全国でも有数の合格者を上げている「陸士海兵中学校」とまで言っていた。実際近所で尊敬していた先輩の一人で茂野録郎さん（あと新潟大学学長）が当時海軍兵学校の制服を着て、短剣を腰に帰省してきた姿を見たとき、少年の眼は燃え上がり、「オレも海兵に行きたい」と憧れた。

ところが母は一言のもとにこれを否定した。

「絶対反対だね！　子供が余計にいるところならいざ知らず。ごめんだね。反対だよ……」

もともと自由の風潮に目覚め、束縛規制を好まない大正ロマンを肌で感じて生きてきた新潟の女であった。そのたびに凄い顔をして睨むのである。
そのためその話題に触れないまま、時代はあれよあれよというちに、無条件降伏敗戦になってしまった。

新潟武徳殿での稽古再開

終戦一年ほどして東京では全日本柔道選手権が復活したという。空襲戦災のなかった新潟市は、武徳殿（現在日銀新潟支店のところ）で稽古が始まったと聞いた。少年組、中学高校生は四時頃から二十名ぐらいが来ていた。また、新潟市郊外の白根郷をはじめ西蒲区の高念寺道場からは、諸原清、登坂芋と登美雄兄弟と云う屈強の青年組の猛者連中も続々と月に二、三回集まって来ていた。合同稽古の日など、初、二段の我々は小さくなって猛練習を息をひそめて見ていたものだ。

中学一年坊主の本井文昭（新潟高、のち早大主将、在米会計事務所）も私が指導した一人である。兄貴文哉は私の小学校からの先輩で、シドニー軍港特攻潜水艦長で永年靖国神社に遺影と遺品が祀ってあった。

一般人は勤めが終わる五時頃から集まる。ときどき、大人の稽古を見学した。いつもモサ（猛者）とか、アカオニ（赤鬼）、ニク（肉）と呼んでいた怖い大学生や先輩たちがいた。本間昭三、椎谷正男共に四段新潟医大組である。


ある日、見慣れない小柄なおじさんが来ていた。当時復員服といわれた兵隊の上着をひっかけて、腰には薄汚れた手拭い、自転車に下駄履きだったように記憶する。それが稽古を始めて驚いた。眼が点！　とはこのことだ。

大男を次々と相手に、立てば背負いで担ぎ上げては叩き落とし、腰を引いてつっぱる相手には大内で刈る。一転足を返し、小内であっさり決める。さらには組んだままの腕関節技に、魅了された。

「すげえ！　たまげた！　アカオニが手も足も出ないぜ」

あの人は誰かと聞くと、中の訳知りの一人が、海軍上がりの水兵柔道家だという。

「魚市場にいるらしい。Ｗさんと言うんだ。おれはこないだ稽古してもらったら、魚の匂いがしたので確かだ！」

と、少年たちがひそひそ話をする。

道場の一方の隅では、赤白帯（県警師範）の老人が立ち技稽古。と見る間に寝技に移り、するりと相手の背後にくっついて送り襟締めに入る。絞められた相手は、太鼓腹をこっちに向け、顔は真っ赤！　手は抑えられているので足でバタバタ。静かに立ち技から寝技に入る絶妙の呼吸は一瞬も途絶えず、音もたたない、流れるようだ。少年は素直に魅せられる。

今風にいえば、「カッコイイ！」か。（おれもやればできるかな⁉）――私の闘争心に火がついた。

稽古の後、先輩たちの話を聞くのも楽しかった。全日本級の人の名前が次々に出て、彼はこんな稽古をしていたとか、東西対抗の有名な試合の経験話など、息をのんで聴いた。

「あいつの技はここが違う」とか。

頭は使いようだ！　腕、肘、手首、そして手の甲、親指、小指にそれぞれに使い方があった。寝技では肩の使い方、アゴもオデコも膝もカカトも、有効な技の手段として役目を果たすと教えられた。

その頃、私のところに来る友達や先輩を見て母の言うことに、

「あんたのお友達はどうしてみんな耳が餃子みたいになってるの？　折角ちゃんと産んであげたのに……」

たしかに私は右技だから、左耳が潰れかけたことがある。寝技のせいだけではない。当時必死になって注射針でうっ血を抜いて絆創膏で固定し、懸命になって目立たない程度でおさめた。

後日、ある雑誌で耳の潰れていない江尻宏一郎さん（旧制六高、東大、のち三井物産社長）が同じ思い出を書いておられたので、お会いしたときそのことを話したら、

「どこの母親も同じだね……」

と、お互い笑顔で少年の頃を懐古した。

潰れた耳の話といえば、江尻さんと同期の斎藤伸雄（新潟高、東大、興銀、和光証券社長、六段）、広川彰恩（新潟中、大谷大、昭和二十六年全日本学生柔道で西軍大将、高念寺住職、のち九段）、羽鳥輝久（慶大、東京海上、のち九段）、宮内英二（中大、新潟県庁、のち八段）、水谷英男（慶大、本州製紙、七段）等、いずれも潰れていない。長谷川秀治、正力松太郎もそうだ。しかし、永野重雄、井上靖の耳は見事に潰れている。

これはなんのことはない、各人の体質によるものか？　もともと大した問題ではない。

―閑話休題。

私の母校の高校柔道部ＯＢ会は、戦前からの伝統を受け継ぎ、今も懇親を続けている。明治二十五年（一八九二）創立の県立新潟中学校は昔は帽子と黒い制服と、夏は霜降りの袖には一本ずつ赤線が入っていた。しかし、我々の頃には戦争になってみんな戦闘帽になった。柔道部に入ったらまず真っ先に覚えさせられたのに部歌があり、応援歌であった。意味も良くわからなかったが、急に大人になった様な気分であった。

あとで、これがいずれも北大柔道部の部歌であり、もう一つは四高柔道部南下軍の歌であることを知った。

前者は「石狩河岸」が「……信濃河畔」となっており、

後者の「南下の時」は「……奮起の時」となり、パクリである。

私は今でも全部暗記しているが、いずれにも高専柔道全盛時代の賜物であったことを考えると、確かに我々が高専柔道を知る最後の年代だと云えるのかも知れない。

北大柔道部東征歌

蓬風《ほうふう》吼《ほ》ゆる北海の
岸辺に狂う波の花
雲煙遠く流れ入る
石狩河岸に根城して
桜星の旗翻《ひるがえ》し
立てる吾部ぞ力あり

桜花咲く日の国の
猛き心の益荒男《ますらお》が
をのこさびする高潮に
不断の意力養ひて
究め盡《つく》せし先人の
教へぞ励《はげ》め柔の道

四高柔道部南下軍の歌

ただに血を盛る瓶《かめ》ならば
五尺《ごせき》の男児要なきも
高打つ心臓《むね》の陣太鼓《じんだいこ》
霊《たま》の響《ひびき》を伝えつつ
不滅の真理戦闘に
進めと鳴るを如何にせん

嵐狂えば雪降れば
いよいよ燃えたつ意気の火に
血は逆《さか》まきて溢《あふ》れきて
陣鼓《じんこ》響きて北海の
健児脾肉《ひにく》を嘆《たん》ぜしが
遂に南下の時到る

今や、私は文字通り長老の名で祭り上げられる立場になったが、次に掲げる井上靖の自伝小説『北の海』の一節は、私が繰り返し愛読している感動の言葉なので、若い後輩に伝えようとコピーし配布したら、好評であったので、次に引用する。

《日本海の荒波に面した金沢での三年間の高等学校時代、私はひたすら柔道に専念した。柔道のほかは、眠気と食い気だけの三年というものを、一生の間に持ったことは、途方もないことのようでもあるが、私の後半の人生の基礎を作ったといえることもたしかである。

柔道のすばらしさは、相手との闘いであると同時に、自分自身との闘いであることである。自分自身に克たずして、どうして相手を倒すことができよう。柔道の美しさは、いかなる勝負もそれが成立した瞬間、消えてしまうことである。技をかけた。相手が飛んだ――瞬間、それは消えて跡形もない。勝ちと負けは、単なるその結果であるに過ぎない。

柔道の勝負は、本来、生死の問題である。スポーツではない生死を賭けた対決である。負けることは死を意味する。だから柔道の試合においては、どうしても勝たなければならないのだ。

柔道は本来、自己防衛の技として生まれ、成立した、受け身である。相手の攻撃の力を利用して、相手を倒す。これほど謙譲な、しかもこれほど強靭な体技はない。どこからでも攻めてこい。それを待っている。柔道は本来非エリートの体技である。非エリートがエリートを倒し、自らがエリートになる体技である。柔よく剛を制す。これほど柔道の本質を言い現わしていることばはない。柔道のすばらしさは、自分より強いものに向かって、必勝の精神を持つことである。勝つことに自己のすべてを賭けずして、なんの柔道ぞや。》

「西洋史」が上下二巻のわけ

これも遠い記憶になるが、中学二年のときか、新しい教科書が配られ、その手触りと印刷の匂いを嗅いでみんながページをめくっていた。

歴史の教師は、「ソンブン（孫文）」といった。上級に当たる中学生が当時の教科書に載っていた若い頃の孫文の写真とそっくりだということでつけた渾名だという。

ソンブンは、「西洋史」の本を手にしてこう言った。

「……ミイラだとか、ピラミッドとか絵を見れば誰だってわかる。こんなもん、覚えるだけだ。

この通り西洋史はどうして上、下二巻になっているかわかるか？　下巻が大事だ！　下巻は一七八九年フランス大革命から始まる！　これを勉強せよ！　世界の政治も経済も、なぜ世界に戦争が起きるか？　みんなつながっている……。昔、江戸期の日本の学者は、すべての学問は歴史に極まる、と言っている……」

そこでみんなは、

「へえ⁉　フランス？　革命？……またソンブンの演説が始まったよ‼」

そう言って顔を見合わせた。

後年、海外経験をして、しかもそのフランス大革命のパリで長く暮らしてみて、ソンブンの言ったことが正しかったことが次第にわかり、当時の光景をそのたびごとに思い出すのである。

ソンブンの息子（故人）は私の一年下の柔道部、後年新潟市民病院の院長で、私の亡母も最後はお世話になった。そしてソンブンも、同じ頃入院されていたので、しばしばお会いして昔話ができた。

今ここで私が若くして外国人、沢山のフランス人と付き合ってきて、または濃密に彼らの中へ入り込めたのは、柔道という偉大な手段、方法があったことを回顧、日仏双方の歴史を勉強して知ったことが、物事を少しは判断する基準となったと思って感謝している。

ボネモリ博士と東大七徳堂道場

昭和二十八年（一九五三）四月、欧州柔道連盟のボネモリ会長が来日した。柔道がますます国際化していく中、ＩＯＣの創始国フランスでは、昭和十五年（一九四〇）東京オリンピックが嘉納治五郎の遺志に反し返上中止となったこともあり、次の昭和三十九年（一九六四）東洋で初めての東京開催の目玉に柔道を採用しようという気運がフランスにおいて既に密かに醸成されていた。

そのためボネモリは、主催する欧州柔連に日本も参加することにより国際柔道連盟を設立し、その会長に嘉納履正を推挙した。もちろん、戦前よりパスツール研、キューリー研とは学術交流のあった関係から旧知の東京大学伝染病研究所長長谷川秀治、そして田代重徳（旧一高、東大、もと外務省、講道館国際理事）と会い、正力松太郎ほか赤門柔道会の政財界の要人らが東京本郷の東大七徳堂で、「ボネモリ会長歓迎会」と共に、東京学生柔道連盟による演武会が開催されることになったのだった。

その当日、道場は立錐の余地もないほどで、東大ＯＢ以外の在京各大学ＯＢがその何倍も参加していた。参加学生は百名ほどだったが、清水正一（慶應、東大師範、のち日体大学長、九段）の指導のもとに、投之型、乱取り稽古披露のあと、五人掛となって、比較的小柄でキャプテン、四段の私が選ばれた。

相手は、明大、日大、中大、教育大等、の二段であった。別にとりわけ調子がよかったわけでもないが、五人をそれぞれ違った技で、一人は上四方で抑えた。

自分でも、たいして息も上がらなかったし、汗もかいていなかったので、少し満足していると、演武会が終わって会長席から声がかかり、長谷川先生からボネモリ博士を紹介され、握手して挨拶をした。

「君がもしフランスに留学を希望するなら、仏柔連は招待する」

と、ボネモリさんの柔和な顔が笑っている。フランス語は全然わからない！　これはいったい何のことだと思った。

昭和二十九年五月、於目黒東大伝研前（森永ストアにて）

石川辰雄（六高京大）
　三菱電機専務
早川　勝（六高京大）
　日経連事務理事
尾崎稲穂（早大）
　元福井武生市長
　西武堤康次郎秘書

父福田龍精
清水正一（慶応柔道師範）
六井昭司　友人（二世）
　パンアメリカン航空支配人
堀井康治　父の友人
荒井渓吉（一高東大）
　日本高分子学会理事長
中里義美（一高東大）
　弁護士（三菱グループ）
青木直行（六高京大）
　日本繊維連盟専務理事
庄司泰基　友人歯科医
原鴻太郎（六高東大）
川田寿（慶大経済学部教授）
足立一郎（三菱商事常務）

沢　逸与（一高東大東京都庁）
山本英輔（鹿児島）海軍大将
元連合艦隊司令長官（昭和4
～6年）
嘉納履正
　（講道館館長）
福田　満
高広三郎（早大富山）
　東京学生柔連会長
　元代議士
長谷川秀治（四高東大）
　東大伝研所長
伊藤鉄五郎（学習院京大）
　元全日本壮年之部優勝
田代重徳（一高東大）
　元外務省ＫＤＫ国際部長

（筆者蔵）

当時海外渡航には厳重な制限があって、一般学生には高嶺の花、文部省の海外留学生以外はとてもフランス留学など考えてもいなかった頃である。帰り際、本郷の裏道からＪＲ御徒町駅に出る道筋で部員たちから、口々に声をかけられた。

「パリに行くんですか？　招待すると言っていましたよ」

「巧く取りましたね。××大のあいつはバカ力なのを今日はきれいに一本とったね」

清水師範からは、

「今日は上出来だ！　五本全部違う技でとったのはよかった。あれをみたら外国人にも柔道がわかっただろう……」

ふだん清水先生にはあまり褒められることがなかったので、次第にうれしさがこみ上げてきた。

このとき私の前の人生の第一の扉が大きく開いたのかもしれない。

しかし、戦後の復興と共に、日本経済に特需をもたらした朝鮮動乱もほぼ治まって、再び厳しい敗戦国日本の経済状況が続いていた頃で、ちょうど就職の時期に当たって会社選定も大事な時期で、一概にパリに行くなどとのまた夢の様な話に浮かれているわけにはいかないのも敗戦十年も経っていない日本の現実であった。

水道橋時代の講道館の思い出

今ではそれはまったく風景が変わって、戦後十年もたっていなかった頃であるから、想像するのも難しい。それが突然、連鎖的に記憶に甦ったことがある。

先日テレビを見ていたときのことである。ある大学病院で手術ミスが続発し、医師の資質と管理体制が問題になっていた。関係者、有識者の一人としていま日本で一番にお偉い方の心臓手術をした著名な外科医の先生にも意見を求められていた。

「有能な医師とその病院を見分けるにはどうしたらよいのですか？」

この問いかけにその先生はこともなげに、

「それはその病院の掃除のおばさんか、食堂のおねえちゃんに聞けばわかりますよ」

そう云われた。

私は仕事がら、今日までいろんな会社、団体を訪ねてきた。一流会社にはそれぞれ緊張感と活気が潜んでいて、受付から担当の若者まで、言葉や動作にそれが現われているようだ。人間が大勢集まるところには、おのずからそこには一つの大きな「気」というものが生じて、それが通じるのではないかと思う。

あの頃の講道館にはそれがあった。

明けても暮れても少年たちや年寄りまで、どこからともなく水道橋に人が集まった。暑中稽古ともなれば、帰りしな駅の反対側東京歯大のそばの屋台のかき氷が五円（砂糖水だけ）。昭和二十六年ごろの話だ。イチゴは器が少し大きくて七円だった。それが渇きと疲れ、心を癒してくれた。

大道場に入るには、まず地下の更衣室で服をたたんで風呂敷に包み、預ける。黒帯に番号札を通して上がっていく。入り口では上座に一礼してすぐ右側はいわゆる「ホットコーナー」で、高段者たちの溜まりである。警視庁機動隊の特練組、全日本クラスの凄い連中たちがいるので、最初は左側に曲がって全体の様子を見る。

そこには戦前からの少年組上がりのヒゲの爺さんや、われわれがあだ名をつけて呼んでいた擦り切れた赤白帯の爺さんたちが少年組に稽古をつけている。稽古をお願いするときは坐礼であった。目上の人を右にして坐り、稽古を申しこむのである。

田舎仕込みの柔道しか知らない私は、少年組上がりのヤツが見せる足払いの素早さには面喰らい、閉口した。ツツっと動いて止まると来る送り足払い！　止まって動き出すと途端を狙った出足払い！　これが講道館の足技か！　文字通り電光石火とはこのことで、柔道の魅力に取りつかれた稽古の毎日であった。

神田須田町の蕎麦屋「まつや」主人小高登志（慶應柔道部）の父君賢次郎は、戦前の少年組上がりで、若い頃四段までやった講道館の中堅である。物静かな蕎麦屋の親父だった頃しか知らないが、昭和二十五年頃の徳三宝九段顕彰碑建立のときの集合記念写真を見ると、半分以上、見覚えのある懐かしい講道館の柔道家達が集っているのを見ても、その隆盛が偲ばれる。

稽古が終わると更衣室はごった返した。おばさんたちはみんないい人たちだった。地元の神田周辺から来ているおっさん連中が常連の風呂場は、四段以上でないと入れない。われわれ大学部員は稽古の後は顔を洗ってただゴシゴシ身体を拭う程度であった。

ある日私は、顔から突っ込んでおデコと片目を擦りむいた。その半開きの目を見て、「あんた、ちゃんと洗ったら消毒しておかないとだめよ」

徳三宝九段顕彰碑建立記念　　　　（「まつや」小高登志蔵）

と、薬をもらった。

そしておばちゃんたちは何でも知っている。

「あんた、この前の紅白で○○とったてえじゃない！　Ｏさん（とわざと名を上げて）、褒めていたよ！」

こうして若い男たちを励まし、ある時は慰めてくれるおばちゃん軍団がいた。それが当時の講道館を今日の世界の講道館にしたのである。


一方、「ホットコーナー」に陣取るいわゆる専門家と称する柔道家にはそれぞれ独特な風格を持つユニークな年寄たちがいた。老いたりとはいえ、道場に現われた時の威厳は変わらず、周りを睥睨する存在感は凄い。先ほどまで屈強な若手と立て続けに稽古していた猛者が突然腰が曲がった老人を見つけると直立不動、何度もお辞儀をしてまるで少年のような素振りで話を聞いている。頑固爺もとたんに満面の笑いで話している姿は、見ていても気持ちのいいほほえましい光景である。

近年外国人も増え、稽古前の座礼も立礼となりすべてが簡略化されたのか、スポーツ化されたのか、昔の習慣はダサいと決めているものか、知らないがしかし、確かに昔の講道館のそうした習慣になんの疑問も抱かず、膝を折ってキモノ（柔道着）を着て坐礼をすることに快感を覚え、日本の柔道に憧れた多くの外国人を私は見てきたし、何十人も知っている。

今、日本は少子化が警告されている。スポーツが多様化したこともあるだろうが中学生の柔道部員の減少も問題である。月並みな言い方をすれば老若男女が一丸となって対処した時に向上し発展があるものだ。

心臓外科医の先生のひとことからそんな思いを巡らして明日の日本の世界に誇る文化遺産ＪＵＤＯをみんなで考えてもらいたいと願っている。

万巻の書と千里の道―恩師川田寿教授のこと

フランス柔道連盟の招聘、東京学生柔道連盟の推薦といっても、当時渡航手続きは厳しく、手持ち外貨は制限されて往路船賃は自己負担だった。正直、親父はあまりいい顔をしていなかった。卒業を目前に普通なら就職先を選定するのが当然であるから、父は口に出して言うことには、

「柔道家にするために、慶應に入れたんじゃない……」

と、少々不機嫌な顔をするときもあった。

そんなとき経済学部のゼミの川田寿先生に相談した。入学時からクラスの担任であった先生にはなんでも話ができた。

英書講読のときなど、指されたページの予習をしていないから、しどろもどろで「見えざる手」……が、「インビジブル・ハンド？」と戸惑って……アダム・スミスが、何だか訳

がわからない?、訳文の説明ができないで冷や汗をかいていると、巧く次の出来の良い奴に返答を回してくださったりした。

そして後ろの方から小声で、

「……そろそろ綱町（三田の山裏手の道場）に行く時間だろ……」と、笑顔……。

川田寿、茨城阿見町の人。生家には今も一抱えもある梅の古木が何本もある。土浦中学のとき二段。ペンシルベニア大学修士、滞米十年。帰国して世界経済調査会（現公益社団法人日本国際問題研究所）。一九四二年あの忌まわしい「横浜事件」でアメリカに永く行っていたと云うことだけで、特高警察に奥様と共に検挙拘留され、塗炭の苦しみを体験された。一九五一年経済学部教授。労働経済論。著書に『アメリカ労働運動史』等。東京都労働委員会。一九五九年産業研究所設立。正真正銘自由平等の筋金入りの日本を代表する学者であった。

特に先生の人柄について、次の言葉を読むといつも胸に迫るのが、元東大総長大河内一男氏の次の追悼の弔文の一節である（平成17年川田寿先生生誕百年記念特集号、「川田ゼミ三田会」編集）。

「・・・川田君を通してわれわれ日本人はアメリカを理解し、アメリカは川田君を通して日本を理解するようになっている。

あなたのアメリカ研究は自分の体験的研究そのもので、書物を読んだり公式論でアメリカを批判する学者は、戦後掃くほどおりますけれども、川田君のような自分の労働経験でアメリカ人の中に入りこんで苦労して初めてアメリカの労働問題の神髄を自分の皮膚で感じた学者は日本では非常に少ない。そのことを今改めてあなたに申し上げたい・・・」

その川田先生から、

「一度親父さんを連れて来たらいい。話してあげるよ」

と云われたので、上京した父はある日、先生を訪ねたのである。

そのとき先生から云われた言葉を、その後父は知り合いの者たちに慶應の川田先生、先生と繰り返し話していたらしい。先生はこう言われたようである。

「……パリに行けるなんて名誉なことではないですか。今どき外国に留学できるなんて難しいことだ。それもフランスに……。

三年や五年なんてすぐ経ちますよ。それよりこの先、あと何年柔道ができるんですか。やりたくてもできないときが必ず来ますよ。

男は『万巻の書を読み、千里の道を行って』見識を広めてこそ大成するものです。それからがやっとスタートですよ……」と。

父はすっかりいい気持になって、それ以来「万巻の書、千里の道」が決めぜりふとなって、会う人ごとに話していたらしい。

父が亡くなって四年後、川田寿逝去。七十四歳。昭和五十四年七月五日、奇しくも同じ命日である。

Ⅱ．激動の幕末　文明開化の荒波に目覚めた日本人

人々はそれを革命とは云わない。

それでは幕末と明治維新とは一体何だったのだろう。西郷南洲は遺訓の中にも述べている様に、命もいらず、名もいらず、官位も金もいらぬ人は困るものなり。と説く一方、此の始末に困る人がいたから艱難を苦とせず国家の大業を成し遂げることが出来たと云う。

言い換えれば、それ等幕末の過激浪士達の純情無知こそが難局を乗り切る一途な猪突猛進の行動力でありその原点ではなかったか。

そして二百数十年続いた平穏無事な江戸旗本武士は、ただ生まれと育ちだけが取り柄の二代目、三代目の無気力な侍になっていたと云っても過言ではなかった。

その様な激変混迷の中の日本に生を受けて江戸に上り、東京に出て来た数々の有名無名の男達、明治の日本人は逞しく生き抜いた。

嘉納治五郎もその一人で欧米人とは互角に渉り合い友好を深めた。その中に当時の代表的先進国のフランスがあり多くの芸術文化を習得すると共に日本の権威を立派に主張し、文芸に於いても西洋人に影響を及ぼす多大の貢献をしたのである。

深い巡り合わせの日仏近代史

今年は日仏国交樹立１６０年を記念して、日本文化を紹介するイベント「ジャポニズム２０１８」がフランス国内各地で盛大に催されている。

なお、フランスを公式訪問された皇太子殿下は九月十三日ベルサイユ宮殿で、マクロン大統領夫妻主催の晩餐会に出席された。そして、皇太子殿下は「長い歴史のなかで、両国民がまさに絹を紡ぐようにして織りなしてきた強固な友好関係を実感しています」とご挨拶され、マクロン大統領夫妻と共に日本とフランスの友好１６０周年を記念して乾杯された。マクロン大統領が日本での西日本豪雨や北海道地震について触れ「苦難を悲しく思っています」と伝えると、皇太子殿下は「連帯の情に心打たれました」と応えられた。日仏の友好はなお一層深まったのである。

そこで、改めて日仏交流が始まった幕末の両国の動向を顧みておくことにする。鎖国時、遠い外国との接触は長崎出島でのオランダとの交易に限られ幕末に至る。そしてペリーの黒船来航が突破口になった。帝国主義時代に入っていた欧米の大国、すなわちイギリス、イタリア、フランス、アメリカらが、通商交易その他の思惑をもって、日本に関わってくる。そうした列強の中、ナポレオン三世治下のフランスは、薩摩藩主導の倒幕勢力、官軍、背後にいるイギリス陣営に組みせず、幕府側に深くコミットしていく。何よりの実例は、徳川慶喜の要請があって、西洋式陸軍の訓練のため招聘された十五名の「フランス軍事顧問団」である。

この一隊は、歩兵、騎兵、砲兵の教育に当たる。団長は、シャルル・シャノワンヌ大尉。団員は、ジュール・ブリュネ大尉、ジョルダン大尉、フランソワ・ブッフィエ軍曹、アンドレ・カズヌーブ伍長ほかであった。

綱淵謙錠『乱』（中公文庫）によれば、ジュール・ブリュネとアンドレ・カズヌーブは、隊を脱走して佐幕側の榎本武揚軍に合流する。二人はイタリア公使館での仮装舞踏会で、異装の男性カップルとして踊り、その足で脱走する。まるでよくできた冒険映画を観ているような気がする。更に脱走者、追随者はほかにもいた。これは日本人にはよくわかる義

フランス軍士官と旧幕府脱走軍士官（函館市中央図書館蔵）

侠心そのものではないか。

フランスには「ガリア魂」という言葉がある。往昔、フランスはガリア人という不羈独立の人たちの世界だった。彼らは、南から来襲してきた古代ローマ大帝国に対しても敢然と戦った。その気概を「ガリア魂」という。ブリュネ、カズヌーブに見られるのも、アレクサンドル・デュマ・ペール著『三銃士』の剣豪ダルタニャンに通じ、更にこれは不撓不屈、「義を見てせざるは勇無きなり」の日本武士道にも通じるのである。

二人は重大な軍紀違反を犯したのである。団長のシャノワンヌも上官としての監督不行き届きで、相応のペナルティを受けねばならない。しかし、シャノワンヌは、のちに陸軍大将、陸軍大臣となり、ブリュネも、シャノワンヌの下で官房長、更に陸軍参謀総長にまで昇進している。ことほど左様に立派な男たちであったと云えよう。

手っ取り早く人間関係を例にとって云えば、「ウマがあう」、「波長があう」、「打てば響く」というものである。更に云えば、知的、文化的、歴史的に共感したり、同調したりできる、つまりわかりあえる、ということだろうか。

一八五八年（安政二）、ヨーロッパはフランス、イタリヤの各地で蚕の卵が細菌に感染し、養蚕業は危機に瀕した。そこで俄然、日本の正常な蚕卵紙が引っ張りだこになる。この機に、徳川慶喜はすかさず、ナポレオン三世に、精選された蚕卵紙三万枚を贈呈。三世からはお返しにアラビア馬二十六頭が幕府に送られたのである。この木魂が響き合うような欲得抜きの応接には素直に深く感動する。しかし、動乱続きで大切な馬の血統書は散逸して、その記録は後の日本陸軍にも残っていなかったと聞く。

同じく一八六七年（慶應三）慶喜はパリ万国博覧会に招待されたので、実弟昭武を使節団長としてパリへ派遣し大歓迎を受けるが、皮肉にも帰国しみれば徳川幕府は崩壊して明治と改元新政府となっていた。

更に話を進めると、実は、日仏の間には政治抜きの文化的親和性、共感性もはっきり見てとれる。政治の舞台より前に、すでに文化の舞台で、すなわち「ジャポニズム」という文化現象において、日仏は共振、共鳴し始めた。

ジャポニズムには、数多くの日本人が関わっている。新渡戸稲造は『武士道』を、岡倉天心はボストン美術館で中国・日本の工芸美術品の監修、のちに修復保存などを務める傍ら、『茶の本』を書き、それぞれ版を重ねた。

柔道の世界への普及、ヨーロッパ、アメリカ以外の初めてのアジア人として嘉納治五郎がＩＯＣの委員となったことも、こうした背景や経緯があったから親密な友好が醸成されたと云えるのだと思う。嘉納治五郎と新渡戸稲造との密接な交遊も年々海外を舞台に広められて行く。

そして、柔術、柔道というスポーツないし競技にいそしむ人たちの数であるけれども、現在日本が二十万人弱なのに対し、フランスは五十万人を超えている。競技者人口の観点からする限り、今や世界一の柔道大国はフランスなのだ。当然そこには、そうなるだけの背景がたくさんあったことは別項でふれたい。

慶應義塾の「やわら」は講道館より古い

明治十年（一八七七）当時、幼稚舎舎監の和田義郎が福沢諭吉の命を受けて自宅の座敷を開放し、十数人の生徒にやわらを教えた。和田は元和歌山藩士で関口流柔術の名手で、のち慶應義塾に学んだあと、英語等の教師を勤めている。幼稚舎といっても、当時は今の高校一年位までであったらしい。

旧藩時代の柔術の師であった関口柔心が、文明開化新時代の到来で車夫にまで身を落としていることを聞き、忍び難く塾に迎えようと福沢にも相談した。知育偏重を極端に嫌う福沢は反対するはずもなかった。

その後五、六年たち、明治二十一年（一八八八）頃から講道館やわらの有段者も参加するようになり、一時は関口流柔術と嘉納柔道が、共存していた時期もあったという。これが慶應義塾という福沢らしい自由闊達さの典型というべきだろう。

飯塚一陽の父国三郎（十段）はその頃自身が義塾別科に入り柔道に目覚めた（『柔道を創った男たち』平成二年文藝春秋社刊）。嘉納治五郎と福沢諭吉は年齢にして二十六歳の差があり、直接薫陶を受けるという交流はなかったとしても、その少青年時代『学問のすゝめ』『西洋事情』等を熟読、福沢に傾倒して大いに世界に眼を開いたいわば仰ぎ見る先生だったに違いない。

おそらく福沢も「講道館柔道」、「高等師範の嘉納君」という程度に好意を寄せていたことが推察される。福沢は自身西洋かぶれとは反対に、フロックコートなど滅多に着ることもなく、着物を着流しで懐手などして「心身之順是柔道」と説く、達観した反権力の天下の碩学である。最高の敬愛をもって嘉納治五郎は蔭ながら私淑していたに違いない。

嘉納は慶應義塾の初代師範に第一番の高弟、講道館最初の十段、山下義韶を送り、明治三十六年（一九〇三）渡米するまで約十五年続いた。

アメリカではルーズベルト大統領が自ら山下から習い、日露戦争の際に戦死した広瀬武夫（あと六段）が駐ロシア海軍武官であったときに、露帝ニコライ二世の前でロシアの重量級レスラーをぶん投げたことなどを聞き及び、柔道をアナポリス海軍兵学校の正課に採用しようと考えたという。

山下義韶はアメリカから帰って治五郎の推挙により、長年にわたり警視庁筆頭師範をはじめ、東大、東京高師等の師範を務めた。その温厚な人柄と、海外にまで響くキャリアは文字通り第一人者であった。

そこへ三船久蔵（あと十段）が秘蔵弟子佐藤金之助を連れて乗り込み、日本最強を目指して警視庁の柔道改革を唱え第三十一代総監宮田光雄ほか幹部を説得し、筆頭師範の辞令を受けてしまった。山下は斯界最高の九段に対し二十年後輩の三船は七段であった。昭和三年（一九二八）前後の出来事であるという。

山下の指導方針は、ただがむしゃらに強いだけの選手をつくろうというのでなく、自主性を尊重して力量を伸ばしていこうというもので、慶應義塾やアメリカでもそうであったように、肉体条件の異なる者に対しての配慮を忘れなかったといわれている。

三船はその才覚と機転は横山作次郎（十段）他にも寵愛され、何よりも柔道に強いこと、勝たねば話にならないと言うのが自論で、幅広い人脈、血縁をもち、明治大学を本拠としてファンが多かったといわれている。それは関東の親分衆にまで及んでいた。

山下はこのことを知って、ただちに警視庁に辞表を出した。治五郎は当惑したが、警視庁の態度を不可解として、内々その内幕を調べて仲裁に入り、尽力したのが警視庁、当時部長クラスの正力松太郎であった。一時空席となった警視庁師範の座は中野正三（九段）が代行し、事態の鎮静化によって、新たに永岡秀一（十段）が就任した。

ここにもすでに正力松太郎の尽力を見るし、昭和三十三年（一九五八）水道橋駅前から現在の春日町の共同ビルに移転した際の後楽園との土地交換に伴うビル建設の根回し、仲介折衝に骨折ったとも漏れ聞いている。

そしてなによりも、昭和三十九年（一九六四）オリンピック開催時の「日本武道館」の建設は、正力の日本柔道、とりわけ自分自身の柔道人生に対する深い思い入れが、その集大成としての信念が込められているように私には感じられてならないのである。

日本で一番古い慶應義塾柔道部

十年ほど前になるだろうか、三菱武道会の創立を記念して『三菱武道会百年史』が刊行されてOBの一人として回想を書いたことがある。

その頃は大相撲の賭博問題、リンチ事件、モンゴル横綱朝青龍の暴行狼藉等で、連日テレビは放映をしていたのが、いつの間にか柔道に飛び火し、金メダリストの強姦事件等が

起きて、全日本柔道連盟は全面的に改革をされて今日に至っている

ところが昨年あたりから、つまりこの回顧録を書き始めた頃だが、大相撲では再び何かと話題は暴力問題からさまざまなスキャンダルが報じられている。まさかこの前と同じく、柔道に飛び火？　伝染することはあるまいと思っていると、今度は女子レスリングのスキャンダル、加えて日大アメフト問題、更にボクシング、そして体操協会などである。どうしてこうも「格闘技」関係者又は個人競技に限って、この種の問題が起きるのだろうかと不思議に思う。

福沢諭吉と嘉納治五郎は生年において四半世紀、二十六年隔たっているが、嘉納はおそらく少青年時代、『学問のすすめ』『西洋事情』等、いくつかの福沢の著書を愛読していたに違いない。帝国大学学長の浜尾新、治五郎のベルリン留学時同輩であった田中館愛橘らは、青年時代の一時期慶應義塾に学んでいた。治五郎自身直接福沢の謦咳に接することがなかったにしても、その存在は仰ぎ見るものであったろう。

治五郎と福沢、または慶應義塾とを結ぶ人脈の一人に、鎌田榮吉がいると説くのは飯塚一陽（国三郎十段の長男、昭和三年生、慶應法、日本銀行）、著書に前掲の『柔道を創っ

た男たち』がある。

鎌田榮吉は嘉納より三年年長、和歌山県出身。明治三十一年（一八九八）塾長就任、大正十一年（一九二二）加藤友三郎内閣の文部大臣に就任、嘉納治五郎とはいわば明治以降の新国家完成の基盤となる教育調査会を取り仕切った。同会メンバーには、総裁加藤弘之、委員として渋沢栄一、花井卓蔵、豊川良平、山川健次郎、高田早苗、鵜沢聰明等に加え、バリバリの軍人大島健一や鈴木貫太郎まで、錚々たる指導者の名が見える。本来国家権力を批判する福沢精神に反するという声が塾内にあったが、もともと関口流柔（やわら）の鎌田は剛直な半面、ウィットに富んだユーモアの人だったらしく、反対派の法学部長の青木徹二（講道館二段）とは取っ組み合いにでもなるぞと言われながら、飄々と塾内経営をしていたことを伝えている。

鎌田は晩年（昭和七年）、別掲の扁額を揮毫したが、われわれはそれを毎日見ながらそのような故事来歴を知るわけもなく、ただ猛稽古に励んできた。三田綱町の道場は今や新ビルに建て替えられた。

今日の慶應柔道部の動静をよく知らないが、とかく世間では生まれも育ちもよいといわれた三代目、四代目の若者たちに、無難で要領よく世渡りすることだけを考える男にはなってもらいたくないと念願している。

慶應義塾柔道部の記

我が柔道部は塾祖福沢先生の奨励により明治十年の春三田山上に開始せられ爾来漸次に発達したるものにして実に我國體育界の先駆をなせるなり内に在ては和親一致塾風の涵養を謀り外に向いては義塾精神の宣揚に勉め専ら気品の泉源知徳の模範たらんことを期したり乃ち先生の

先成獣身而後養人心

心身之順是柔道

と云える二つの成語の趣旨に随て経営し来れるものなり

斯の如き光輝ある歴史を有する我が柔道部の部員たるものは深く之を肝に銘じ力を合わせて部の向上を図り流俗の外に立ち独立自尊の塾風に依って思想の中正を保ち将来国家の柱石社会乃儀表たらんこ

とを心懸くべきなり

昭和七年五月九日

慶應義塾創立七十五年記念式當日

鎌田榮吉　記

明治四十年の東京帝大と慶應義塾対抗戦

本郷の帝大道場で当時学生柔道界の覇者として自他ともに認めていた東大に慶應が挑戦した。

この頃東大は部員百五十名と称し、有段者は半分くらいおり、主将四段杉村陽太郎（外交官、のちフランス大使）ほか三名、三段六名に対し、慶應は四段なし、三段三名であるから問題にならない。

慶應は五年前京都の三高（旧制）に善戦したとはいえ敗れている。高校（旧制）にさえ勝てなかった慶應が、全国多数の高校から俊英猛者を集めていた東大に勝てるはずはないではないかと誰しも思った。

飯塚茂（国三郎の甥、のち飯塚鉱山社長、衆議院議員）は思い出を遺して、

「三光寮柔道部の合宿所はわれわれの青春である。腕で来い！　頭で来い！」と書いてい

る。

当時、東都柔道界の双璧といわれたのは東大では杉村陽太郎と、慶應の中野栄三郎（野田醤油、のちキッコーマン社長）であった。東都の柔道ボーイは杉村陽太郎にあらざれば中野栄三郎の柔道に憧れた。

杉村は六尺（一八二センチ）、二十二貫（八十二キロ）、右跳腰と寝技、千葉野田の素封家の御曹司中野も秀才の誉れ高く跳腰の名手で知られ、その他平賀常次郎（のちカネボウ社長）、石渡泰三郎（のち白木屋役員）、塚本太作（のち大日本製糖役員）、嘉納師範をして月並試合などで感嘆満足させているいずれもわざ師で知られていた。挑戦してみたくなるのが人情、時の『商法全書』『信託法論』等の著書もある法律学者で熱血漢の法学部長青木徹二が柔道部長であった。

東大側は念には念を入れて二十名選手のうち白帯を三名加えること、抜き勝負、というのは隠し玉を入れることを意味する。地方の高校から入ってきてまだ講道館の月並試合などで存在が知られていない者がいたのである。このとき七高（鹿児島）出身の井上と四高（金沢）出身の品川主計と正力松太郎（いずれも二段）であったといわれている。

試合にはマクドナルド駐日英国大使の参観もあり、東大は二ケ月も前から来場者のために一部道場の改装まで行った。新聞記事の予想では慶應の戦力を評価するところもあったが、東大の三名残して勝、または半分で片付くのではないかと報じていた。

審判は前半が佐村嘉一郎四段（のち十段）、後半は嘉納師範自らが行うことになった。規程時間十分、延長可能、技ありがあっても勝ちにならない。一本勝ちか引き分け。

いよいよ試合開始。抜き役の白帯三人の東大は振るわず苦戦。関節技の名手といわれた正力も、慶應古川甚一に対し、逆に対する振りほどきの名人で、通じない、巧妙なる古川の足技に悩まされ遂に引き分け。

東大野球部にその人ありと言われたスポーツ万能選手の初段三島弥彦（オリンピック入場式に金栗四三と並んで日の丸をもって行進する……次頁の写真参照）は、佐々木竜三郎と二十分やって引き分け。慶應作川信二郎の跳腰、出足払いに菅原、林と討ちとられて、東大は予想が完全に狂い始め、憂色が漂った。

母校の名誉のために負けられないとその意気はもの凄く柳生基夫は送り襟締めで完全に落ちてしまい、最後まで「参った」の合図をしなかったために審判の「活」によって、生き返るという凄まじい試合展開となった。

第５回ストックホルムオリンピック大会での入場式　1912年（明治45）
（取材協力　公益財団法人講道館）

中堅戦、慶應の誤算は抜き役の石渡泰三郎が増田の見事な背負いで空中に弧を描いたこと。その増田を腕拉ぎに仕留めた慶應の塚本太作をはじめ、大塚荘亮、山田又司が東大の大兵肥満の片山国幸（のち医博）に押さえ込まれたことだろう。

後半、平賀恒次郎は三十分戦って引分。次の中野栄三郎は東大四将沢逸与（内務官僚東京都庁）を跳腰で見事に決め、新井源水（一高、のち石川島造船社長）と対戦する。激闘十数分、中野は乾坤一擲の跳腰を仕掛けたが、これを防ごうとした新井の拳が鳩尾に入り、中野は失神するというハプニングが起こったのである。嘉納師範の裁定により痛み分けとなった。

副将同士、吉武吉雄は東大福永吉雄を袈裟固めで押さえ込み、大将杉村陽太郎に対峙する。相当息の上がっていた吉武は遂に肩固めに抑え込まれた。寝技に一日の長のある杉村は慶應大将五月女光三を押さえ込んで、東大が辛くも勝利した。

東大は予想外の大苦戦で勝つには勝ったが、翌年以降毎年行うことで第一回対帝大戦と記念のメダルまで作った慶應も、杉村が去ったのではどう見ても分が悪い？と考えた東大の「いつかまた、相まみえるとしても、しばらくは見合わせたい―」の申し出にしぶしぶ同意せざるを得なかったものか。したがって、東大戦は公式な試合としては私の知る限りにおいて、前にも後にもこの一戦だけが過去およそ一〇〇年余の歴史においての公式記録となったのではないか。

昭和二十八年東大慶應対抗試合

ここで座右の『慶應義塾柔道部百年史』（全一、三四〇頁、昭和53年1月三田柔友会柔道部史編纂室刊）をもう一度改めて見ていると、昭和十五年を第一回として挙行された早慶柔道戦は、大戦勃発に伴い十年の中断のあと昭和二十八年復活して水道橋の旧講道館大道場で開催された。その予行演習のため此の年は数多く対外試合を行った。その一つに東大師範も兼任していた清水正一先生の計らいで三田道場に於いて東大との練習試合があった。明治四十年に比べると慶應側が断然陣容は整っていた。二十七名の選手が編成されて、結果は次の通りである。

本塾対東京大学対抗試合　七月二日　於　綱町道場
東大を綱町道場に迎え、四段三人組他を除き対戦、快勝を収めた。

本塾		東大
先鋒　横倉永一	崩袈裟	先鋒　○福島
鈴木正道	引分	福島
○長沼	大外刈	加木屋
長沼	大外刈	○中野
鍋谷剛	崩上四方	○中野
○宗宮直行	横四方	中野
○宗宮	横四方	古寺
宗宮	崩上四方	○吉田
○藤間哲也	内股透	吉田
藤間	崩上四方	○栢植

○久保雅義　一本背負
○久保　内股
○久保　内股
久保
関(初)　引分
○竹内正和(初)　崩四方
竹内　引分
○小原(初)　大外返
小原　逆襟絞
蜷川謙一(初)　引分
広瀬久也(初)　引分
鈴木澄夫(初)　引分
河内清(初)　背負投
田中浩司(2)　引分
河合靖之(2)　引分
○吉川文雄(2)
吉川　送襟絞
○小川浩二(2)　横四方
○小川　腕固十字逆
小川　引分
○長戸英夫(2)　崩横四方
長戸　送襟絞
○堀越忠義(2)　送襟絞

柘植
明石
赤塚
○森本
森本
仁平(初)
今永(初)
嘉味田(初)
○小粥(初)
小粥
奥平(初)
加藤(初)
○山崎(輝)(初)
山崎
阿南(初)
山広(初)
小田(初)
小田
横瀬(初)
室伏(2)
久留(2)
○山崎
山崎

									大将
堀越	○飯塚国基 (2)	飯塚	○高松静男 (2)	高松	鈴木昇 (2)	高井邦夫 (2)	竹田博 (2)	田坂昭 (2)	乾俊夫 (2)
崩袈裟	大外返	釣込腰	腕絡み	大外返	引分	引分			

						大将
○日高 (2)	日高	○古賀 (2)	古賀	○河本 (3)	河本	中山 (3)

平成三十年現在、双方共健在者は各々数名ずつと数える程になり、時代の変遷を感ずるが、気が付いて見ると不思議な出会い因果の一端を偲ぶこともある。それは東大中堅で活躍した吉田昭治は、あと新潟大学農学部教授となり新潟に赴任した。子息真吾は新潟高校柔道部で私より三十期も若い後輩である。現在東京大学地震研究所教授で時節柄多忙な職務を勤めているが、毎年の高校の柔道部ＯＢ会には欠かさず出席して懇親を深めている。

悔しい負け試合東京拘置所戦

前述の東大戦とは逆に当時最強と云われた小菅の東京拘置所柔道部にも練習試合に行った。拘置所側は全日本出場者を含む五段を除いて二十五名抜試合であった。私の負け試合は勿論これだけではなかったが、生涯忘れることの出来ない痛恨の大外返しで惨敗した記憶である。

その日は慶應の中堅クラスが健闘してくれたので五分五分と云うより優勢に試合は展開した。三将で出た宮崎剛（あと在米五十年、平成二十八年没）の怪力はその頃負け知らずで、相手は大将生井沢四段、悪くても引き分け？　ひょっとしたら今日は勝ち残りか？とそんなズルイ根性が頭の片隅をよぎった。その瞬間、私の眼の前でこともあろうに、宮崎が見事な内股で舞い上がった。生井沢は二、三才年長だったと思うが、体格としては私より一廻り大きい位で巨漢ではなかった。以前に講道館で稽古したこともあったが、さほどに切れるとも感じなかったのと、その頃私は釣って刈る右大外刈が少し解ってきた頃で、得意になっていたこともあった。

相手の右の出足を待って此方は左右の手のさばきで相手の右うしろ踵あたりに崩して刈

る。ただ脚をぶっつけて刈るのでなく相手の脚を楕円形に丸く弧を描くように刈ると効く。広川彰恩流である。大外は大男だけの技に非ず、小兵でも通用する。昔から講道館には小兵の大外の名人が何人も居たと、多くの先輩からも聞いていた。

余談だが、後年フランスに行って力自慢で怪力だが動作の鈍い大男には何度もこの大外刈が効いた。中には真下に落ちるから何人かは受け身が下手で頭を打って脳震盪を起こすのが多勢居た。

ところが生井沢の動きはなかなか釣って出るチャンスを与えてくれない。しかし、私は内心「トレル」と云う下心あったために、段々焦ってきて不充分な崩しのところへ不用意な釣りを仕掛けた瞬間、妙にぐらッと手応えがあったが、あと不思議なタイミング？　彼は腰をひねった様なワンテンポ違う拍子で、返しを狙って来たのだ――、鮮やかに返されー本とられた。これは私の不覚であり、未熟であった。

後年千葉の佐倉で彼と同郷の大沢慶己さん（十段）にその話をしたら、笑いながら、「君もやられたか。彼は相撲もやるから昔から腰の使い方が違う。ニマイ腰？と云うやつか、みんなそれにひっかかる……」

と懐かしげに昔話をしたことがあった。

あと大将の熊切昭男（あと東レ役員）が顔を真っ赤にして横四方に抑えて慶應は東京拘置所に辛勝した。


辺りは薄暗くなって帰りの綾瀬駅のホームに集まって、試合に勝ったとは云いながら少しあと味の悪い気分だった。それと云うのも先程から黙っている清水師範の顔を見ていると、不機嫌そうなのが直ぐ判るからだ。それでもクマが頑張って勝ったからいいじゃないか！？　下級生部員はそんな気分もあったろう。

裸電球がひとつだけある野ざらしのホームに四十人位の部員が二列に並んでいたところへ、辺りに人が居なくなったのを見計らって清水師範の爆弾が炸裂した。

「何だ今日の試合は、情けなくて見ちゃおれない。宮崎は何だ！　一本調子で知恵がない。もう少しアタマを使え！　おれはそんな柔道を教える為に慶應に来たんじゃない！何が四段だ、恥ずかしい！　そんなもん返上しろ。

一番情けないのは福田だ！　格好だけつけてチャラチャラ柔道をすんな！　キャプテンの資格なしだ。俺はもう君たちに柔道を教えるのはやめる！　アイソが尽きるとは、この

後列右から乾俊夫（３年）、萩原（現姓関）正夫（３年）、田坂昭（３年）
前列右から熊切昭男（３年）、宮崎剛（３年）、筆者（４年）、長戸英夫（１年）
（筆者蔵）

ことだ――――。信州に帰って百姓をする！　……」

あとは無言。電車に乗っても全員お葬式の集団の様な雰囲気で誰も口をきく者もなかった。必死になって大将決戦で寝技に引き込んで仕留めた熊切のクの字も、ねぎらいの一言も出なかった。

明日からどうする？

改めてキャプテンが代表して清水師範と塾監局の柔道部長橋本孝理事（あだ名はカポネ）に御詫びに行くか？……先ず身近かな先輩達の意見を聴こう。その頃の若者にはその程度の智恵しか頭に浮かんで来なかった。

あの時の綾瀬駅のホームの裸電球の下の光景が、今でも時々夢の中に出てくると、ぞォーとする。だが今時話題のハラスメント？はなかった……。

しかし一発や二発どやしつけられても当然……。文句返答も出来ない。不甲斐ない！不様で恥しいことをしたと今でもそう思っている。

人心掌握、話術の天才嘉納治五郎

文明開化と富国強兵の旗印の下、明治と云う時代はあらゆるものが改新され人ものものも変貌して行った。

そんな中で嘉納治五郎は明治十五年（一八八二）東京帝大を卒業するのだが、比較的小柄で決して偉丈夫と云われない青年であった。身長は一五八センチ、体重五八キロと云われている。ドイツに留学し、そのあとの関心は広い意味で教育制度、教育行政に興味があったようで、傍ら少年時代より熱中した柔術の修練に励んで来たのである。そして、その頃接する昔の武士あがりの武芸者、柔術家たちが次第に世の移り変わりと共に新しい潮流に乗ることが出来ず、日々の生活も苦しくなり疎外され、次第に零落して行く姿を目の当たりにして、ひとり心を痛めていたに違いない。

帰国して旧制五高（熊本）の校長を勤めるほか、東京高等師範（後の文理大、教育大、筑波大）の校長及び旧制一高校長を兼務する等、日本の高等教育界の現場を体験する。このとき嘉納治五郎の面目躍如、人選び、人使いの巧妙な才覚がわかる挿話がある。

それは夏目漱石が大正三年（一九一四）十一月二十五日学習院で行った「私の個人主義」と題する講演の中で語っている。

《……私は年の若いのに馬鹿の癇癪持ちですから、いっそ双方とも断ってしまったら好いだろうと考えて、其の手続きを遣り始めたのです。すると或る日京都の理科大学長をしている久原さんから一寸来てくれと云う通知があったので、早速行って見るとその座に高等師範の校長嘉納治五郎さんと私を周施してくれた例の先輩がいて、相談は極まった！　此方に遠慮はいらないから高等師範の方へ行ったら好かろうという忠告です。

私は行掛り上否だとは云えないから承諾の旨答えました。腹の中では厄介な事になってしまったな、と思わざるを得なかったのです。私は高等師範などそれ程有難く思っていなかったのです。嘉納さんに初めて会った時も、そうあなたの様に教育者として学生の模範になれと云うような注文だと私にはとても勤まりませんからと逡巡した位です。嘉納さんは上手な人ですから、『そう正直に断られると私は却って貴方に来て頂きたくなった』と云って私を離さなかったのです。

こう云う訳で未熟な私は双方の学校を懸持しようなどとという欲張根性は更々なかったに拘らず、関係者に要らざる手数をかけたあと高等師範に行くことになりました。しかし、教育者として偉くなる資格はもともと私にはありませんから、私はどうも窮屈で恐れ入りました。嘉納さんは貴方はあまり正直すぎて困ると云った位ですから、或いはもっと横着を極めていてもよかったのかも知れません。

奥底のない打ち明けたお話をすると当時の私はまあ魚屋か菓子屋へ手伝いに行ったようなものでした。一年のあと私はとうとう田舎の中学に赴任しました。それは伊予の松山にある中学校です。……》

明治二十六年（一八九三）と云えば治五郎三十四歳、漱石二十七歳である。

これを見てわかることは治五郎の人心掌握の妙と云うべきか、話術の天才、漱石の云うい、い、上手な人と云うのも面白い。治五郎との出会いがなければ漱石の不朽の名作『坊ちゃん』も此の世に出なかったことになる。

また、明治三十年（一八九七）第五高等学校の創立十周年を記念した漱石の献辞の石碑が、私は見ていないが今も熊本大学の構内に在ると云う。

　　教育は建国の基礎にして
　　師弟の和熟は
　　育英の大本なり

　漱石が柔道について語ったことは聞いたことがないが、華やかな西欧の文化に比べて歌舞伎などについてはとかくの論評をしていたとも云われているので、柔術については野蛮な所業と見ていたのかどうか？　知りたいものである。

　また治五郎も漱石を単に若い英語ツカイ？　としか見ていなかったものか、そこも知りたいものである。

Ⅲ．新しい柔道を求める潮流と西欧を主導するフランスの存在感

高潔無私の明治生まれの柔道家が創った高専柔道

今や伝説の類いだが、明治三十一年（一八九八）旧制一高と二高（仙台）の柔道対抗戦が行われた。この対抗戦は継続されなかったが、高専柔道の試合ルール等、その雛形がすでに顔を見せている。

もう一つのルーツは、北陸の雄四高（金沢）の京都への遠征試合である。彼ら四高健児は「南下軍」を名乗り、のち南下軍の歌も作り、必勝の気概を秘めて上洛した。四高は三高（京都）及び六高（岡山）とも闘うことになる。

こうしたきっかけを背景に、大正三年（一九一四）実現にこぎつけたのが高専柔道優勝大会だった。第一回大会参加校は、四高、六高、七高（鹿児島造士館）の三校のみ。四高が第一回大会の覇者となる。

そして、こんなこじんまりと船出した大会が、以後見る見るうちに拡大発展し、講道館柔道に並立、拮抗するまでに至る。一高のようにゆえあって最後まで参加しない学校もあったが参加校は飛躍的に増え、国内全域はもとより、外地の学校まで参加するようになった。京城の京城大予科、上海の東亜同文書院、満州の満州医大予科などである。

今から百年ほど前、京都で始まった「全国高等学校専門学校柔道優勝大会」（略して「高専柔道」）は、昭和十五年（一九四〇）戦時体制の中、第二十七回大会をもって終わりを迎える。しかし、知る人ぞ知ることだが、高専柔道が日本柔道史に印した足跡はきわめて大きい。

高専柔道の覇権をめぐる若者たちの闘いは熾烈を極めた。

先鞭をつけまず躍り出たのは、金沢の四高、高専大会「南下軍」である。雷名轟く大将駒井重次（三段、大蔵省、民政党衆議院議員、日本税理士会会長、昭和四十八年没）以下、強力な陣容で、六高、七高を撃破し、第一回大会の覇者となった。そして、以後四高打倒を目指す三高、五高（熊本）、六高（岡山）、七高（鹿児島）や、山口高商、広島高師らの挑戦をことごとく退け、七連覇を達成。

続く第八回大会。四高は準決勝で六高と激突。深更にまで及ぶ激闘の結果、ドクターストップが入って引き分け。七高を破った五高が、漁夫の利で遂に四高の八連覇を防ぎ優勝する。

そして翌年、雌伏していた中国の雄、六高が本領を発揮、五高に圧勝して初優勝。以後八連覇を遂げた。以下、その後の優勝校名をあげる。松山高、松山高、松山高、六高、北大予科、関西学院高商、拓大予科、同志社高商、関西学院高商、関西学院高商、松山高商。

そして、昭和十五年高専柔道大会は幕を閉じたのだった。

こうして発展進化した高専柔道は、残念ながら戦前、昭和十五年に強制的に中断され、終焉した。だがしかし、高専柔道の遺産は残る。戦後復興、戦後の柔道再興に腕を振るったのは講道館だけではなかった。裏方では、組織力と人脈を誇る高専柔道関係者が、要所要所で大働きをした。昭和三十七年（一九六二）五月に発足した全日本実業団柔道連盟の初代会長は永野重雄だった。地方でも、高専柔道関係者がインターハイの企画や運営に携わり、柔道復活に一肌脱いだ。高専柔道史上最強と言われた野上智賀雄は東洋レーヨンに柔道部を創設。以後東洋レーヨンは、実業団柔道の雄になるのである。

その他、旭化成、帝人、鐘紡などに柔道部が創設された。日本橋の繊維会館に事務局が設営され（専務理事青木直行、六高、京大、六段）、各社の高専柔道ＯＢたちが連日参集していた。中には荒井渓吉（一高、東大、高分子学会理事長、東大、慶大工学部講師六段）などがいた。更に、高専柔道界が生み出した人材の厚さとすさまじさは、例えば日本の高度成長期に「財界の四天王」と云われ、経済界を引っ張った永野重雄、桜田武、水野成夫、小林中のうち、永野、桜田、水野の三氏は東大赤門柔道会、そして永野氏と桜田氏共に六高柔道部、当時の著名人として書き出せば切りがないほどである。

それ以上にここで書き記しておきたいことがある。全国高専柔道大会は歴史的事実として、昭和十五年をもって終焉した。だが、高専柔道ルールを踏襲し、引継ぎ、つまり高専柔道システムを今なお実践する若者たちがいる。

戦後いち早く、昭和二十七年（一九五二）国立七大学柔道優勝大会が始まった。参加校は北海道大学、東北大学、東京大学、名古屋大学、大阪大学、京都大学、九州大学の七大学で覇を競う。「七帝戦」ともいわれる。

実はこの大会では今なお、ほぼ高専柔道ルールが適用され、寝技を駆使する柔道が繰り広げられている。そして驚くべきことに、この七大学柔道優勝大会は今年でなんと六十七回目を迎えたところだ。二十七回の高専柔道大会よりはるかに長期にわたっている。その意味で見方によっては、高専柔道は今なお元気に生きていると、そう言えないこともないだろう。

四高対六高戦

今年で奇しくもちょうど百年、大正七年（一九一八）第五回全国高専柔道大会優勝戦は前日の午後十時両軍メンバー（十五名）の交換を行い、翌日午後二時から磯貝一七段（のち十段）の審判のもとに挙行された。

第四回大会でも打倒四高（金沢）の悲願は成らず練習に継ぐ練習で忍苦の一年を過ごして来た六高（岡山）は、今年こその意気に燃えて四高と対戦した。

前掲の『闘魂』（湯本修治の高専柔道史、読売新聞社刊）は次の様に伝えている。

四高	六高
大将・二段　阪田靖人	
副将　後藤　久	大将・二段　浜田有一
加藤敬道	副将・二段　秋山秀太郎
二段　中内栄基	初段　受川金次郎
二段　田原　剛	初段　木原鉄之助
二段　大後勝広	彦坂治一
宮内嘉二郎	井上　剛
中川秀次	西松　勇
笠原親之助	綿谷　清
井浦亥三	松居善一
井浦亥三	物部義雄
竹村義徹	山谷太郎
初段　稲垣賢三郎	小山　昇
寺尾秀治	永野重雄
初段　山口四郎	岸本弥之助
宮崎信二	浪越康夫

《一年生からは浪越康夫と永野重雄が出場したが、浪越は先鋒に出て、まず四高の宮崎信二と当り、懸命に攻めて出たが、八分では勝敗を決するに至らず、つづく岸本弥之助も山口四郎初段と戦って引分となる。「四高三番手寺尾秀治は、病気のため本日まで出陣しなかったが、ようやく病癒えて花々しく初陣す。敵手永野大ならざれども、よく守り引分く」（南下戦記）とあり、互いに敢闘するも勝敗を決することができず、つづく四高稲垣賢三郎と六高小山昇、さらに四高竹村義徹と六高山谷太郎も引分けに終わる。

かくて四高は闘将井浦亥三、六高は物部義雄の六番手同士となる。物部は寝わざを得意とし、まず引っ込む。井浦はしばしば抑え込もうとすれば、物部は締めあるいは逆技をもっておびやかし、井浦もまた逆技をもって攻めれば、物部は恐れて逃げようとする。井浦はすかさず突っ込んで上四方固めに抑え込めば、物部また起つことができず、六高陣は頭を上げるものもない。井浦はさらに松居善一と組む。松居は必死の雄を振るって攻め、顔色は蒼白。井浦は時に逆襲の気配を示し、これに勝たなくとも負けなければよしと士気軒昂、しかも落ち着きあり、六高はあせりにあせる。井浦、松居引分けて、四高笠原親之助と六高綿谷清の勝負となる。綿谷は立わざを得意とするが、寝てもよい。笠原は立って攻めたが引分けられる。

四高は一人の勝ち越しのまま、中堅中川秀次は六高七将西松勇と組む。「西松は体躯小にして、襟を持てば直ちに寝る」と南下戦記はしるしている。また宮内嘉二郎は、井上剛と当たったが「井上は絶対に立たず」（南下戦記）とある。さらに大後勝広二段は、彦坂治一と対するや、得意の締めをもってじりじりと肉迫したところ彦坂は驚き立って防ごうとするも、大後の立わざの威力を知ってか、直ちにまた寝るのである。かくして引分けとなる。次いで四高五将田原剛二段は、六高四将木原鉄之助初段と組む。「木原堂々たる体格なり。彼田原の襟をとるや寝て立たず、田原得意の攻勢防御に依りて楽々と引分ける。」（以下略）》

特筆すべきは、この時三番手に出場した四高の（旧姓寺尾）長谷川秀治は六高永野重雄と対戦している。

後に東京大学伝染病研究所所長の長谷川秀治に就いては本書で繰り返し言及した。永野重雄は新日本製鉄会長としてまた財界の巨頭として戦後の日本の政財界を牽引して来た。更に両校代表選手の各々の経歴を上げるまでもなく、例えば法曹界ベテラン、言論界や、学会の重鎮であり戦後産業界の重鎮として活躍された方々の若き高校生の姿だったのである。

今日「文武両道」とは月並みな言葉でしか残っていなくなったと云えば余りにも淋しい限りである。

創立百年を超す三菱武道会

士魂商才の岩崎小弥太

岩崎弥太郎（天保六年・一八三五～明治十八年・一八八五）は土佐藩の下級武士であったが、その創業の志には武士の信義を基にして培われて来た三菱精神が世紀を越えて脈々と受け継がれている。

弥太郎の没後弟弥之助が継ぎ、そして第三代には弥太郎の長男久弥と続いて夫々が挙げた数々の功績は文字通り近代日本発展の歴史そのものである。このことは既に沢山の記録、物語りとなって存在していることは周知の通りで改めて申すまでもない。

ここで特筆したいのは第四代社長の岩崎小弥太（明治十二年・一八七九～昭和二十年・一九四五）、弥之助の長男に就いてである。小弥太は明治三十二年（一八九九）東京帝大

四代社長　岩崎小彌太（彌之助長男）
明治12年（1879）生～昭和20年（1945）没
社長在任：大正５年（1916）～昭和20年（1945）
（『三菱武道会百年史』より）

に入学するも中退して英国のケンブリッジ大学に留学をする。新世紀を迎えた活気の盛り上がる西欧諸国の動静を見聞し、その歴史や文化を広く学ぶと共に、経済政治の第一線の人達との親交を深め、いわゆる社交界にはこの時得難い友人を数多くつくって来たと云われている。在欧五年にて帰国している。

小弥太はもともと身長は一九〇センチ、一〇〇キロに及ぶ偉丈夫で東京高等師範附属中学在学中からスポーツ万能で、特に剣道の腕前は後に剣聖と云われた中山博道範士からは折り紙付きで評価されていたと云

第１回駿河台道場寒稽古記念　大正２年１月19日
前列右から：生井憲、山室宗文、岩崎恒彌、中山博道、今村繁三、山下壽郎、千田勘兵衛　後列右から：蒲田六三郎、春藤和、龍岡榮、赤星陸治、岩崎小彌太、船田一雄、奥村政雄、山田榮之、斎木三平
（『三菱武道会百年史』より）

う。それは『三菱武道会百年史』（平成七年刊、三菱武道会編集）に詳しい。

その中の挿話の一つとして、記憶に留めたいのは明治二十九年（一八九六）小弥太が一高に入学して以来の生涯の友となった中村春二（成蹊学園創立者）のために金一万円の寄附を行ったのに併せて大正十五年（一九二六）には三菱の染井道場を無償で譲渡していることである。

これは全て小弥太のポケットマネーで賄われていたことに、三菱精神の弥太郎以来の「公私のけじめを付ける」伝統が生きているのだと思う。そして、われわれが事ある毎に眼にして来た三菱商事の三綱領にのこされていて、それが脈々と今日迄受け継がれているのは、誇らしい気持ちにする。

所期奉公　（国家社会の公益に奉仕せよ）
処事光明　（手段を択ばず巨利だけを求めるな）
立業貿易　（事業の根幹は対外貿易である）

この度更に判ったことは、明治三十二年（一八九九）京都の日本武徳会が指導者教師の専門教育を目指して学校設立するに当たり、岩崎小弥太は金五万円を寄附していることである。残念ながらこの武道専門学校（通称武専）は昭和二十年敗戦により米軍マッカーサー司令部により廃校となったが、戦前の武道史上幾多の俊傑、英才を輩出して来たことは、これまでに大勢の学者が紹介して来た通りである。

東京では嘉納治五郎の講道館、西日本京都では武徳会と併立して切磋琢磨して来たのが日本柔道の歴史であると、我々は教えられて来た。

その辺りの経緯変遷は白崎秀雄寄稿文「美しかりし日本柔道『最後の大外刈』―かつて柔道は日本固有の体育文化というべきものであったが、国際化した今は世界の三流スポーツと堕した。埋もれたままの昔の柔道家の肖像は日本人の何かをも考えさせる―」（『新潮45』昭和六十三年一月号）に詳しいので、併せて是非とも改めて閲覧願いたいと思う。

ここで、ただ漠然と五万円と聞いたのでは、今日どの位の評価なのか見当もつかない。そこで、たまたま手許にあった『明治大正昭和、値段の風俗史』（週刊朝日編、朝日文庫、昭和六十二年刊）に次の記事があった。

ゴールド（金）１グラム
（日本貴金属地金協会調べ）

明治初期 ——	67銭
明治30年 ——	1円34銭
昭和11年 ——	3円60銭
昭和20年 ——	4円80銭
昭和25年 ——	401円
昭和35年 ——	590円
昭和45年 ——	690円
昭和50年 ——	1,865円
昭和55年 ——	6,495円
平成30年 ——	4,850円

昭和36年三菱武道会写真（筆者蔵）

極めて荒っぽい換算をして見ると、明治三十二年当時の五万円ではゴールド（金の延べ棒）一キログラムは千三五〇円だから三十七本に相当する。それが平成三十年の新聞紙上に提示されている貴金属地金相場の欄には一グラム当たり四、八〇〇円とあるから、一キログラムは四八〇万となり、三十七本分の換算価値は何と一億七八〇〇万円となる。

更に日本オリンピック委員会（ＪＯＣ）が在る代々木の岸記念体育館は、もともと神田駿河台の岩崎邸の一部に寄寓していたもので、三菱の顧問弁護士の岸清一が初代日本体育協会会長の嘉納治五郎の要請に呼

第９回アムステルダムオリンピック大会（1928年）における嘉納治五郎、
広田弘毅、岸清一他４名の集合写真
（取材協力　公益財団法人講道館）

応して設立したものである。背景には岩崎小弥太の息がかかっていたことは自明である。岩崎と三菱、そして講道館柔道嘉納治五郎とオリンピックとの繋がりを識れば識る程その歴史と因縁を痛感した次第である。

そして、今日の若きスポーツマンＯＢの後輩たちには、此の事実を知ったならば更に文武両道の士魂商才に磨きをかけて貰いたいと希うものである。

井戸塀…となった久我貞三郎の生涯

明治四十五年（一九一二）東京高商（現一橋大学）貿易科を卒業した柔道青年久我貞三郎は三菱合資会社営業部に入社。大正七年三菱商事に改組。マニラ、上海、大阪、ロンドン、パリに在勤。大正十一年（一九二二）フランス三菱会社を設立、代表役員となる。

主要経歴としては、左記の通りである。

大正十年―パリ常設国際商業会議所創立委員、日本側常駐委員（日本経済連盟団琢磨、井上準之助及び日本商工会議所連盟藤山雷太）の委員を以って代表す

大正十一年―パリ・スポーツクラブに協力、日本柔道部を創設

大正十四年―日仏、印度シナを連結する仏亜商工会議所創立副会長、会長は前仏印総督アングルパン氏

昭和二年―ポーランド、シベリア経由帰国

昭和八年―北、中南米出張、アルゼンチンブエノスアイレスの三菱商事会社設立
昭和九年―日本タールエ農業株式会社（のちの三菱化学の前身）を設立
昭和二十年―終戦連絡事務局参与
昭和三十年三月―胃癌のため千葉大学附属病院にて逝去。七十三歳
久我の書き残した手記の中で実にその人柄と文芸に精通した文化人であり、正真正銘の国際人であることがわかる一文があるので、左記に掲げる。

松方コレクションの想い出

《ドゴール大統領の特使として来日したアンドレ・マルロー（国務大臣）は、岸首相や灘尾文相と会い、フランスで戦時中敵産として接収した松方コレクションを日本に譲渡する件は、閣議で正式に決定したので、これを収容する日本側の国立西洋美術館の出来上がる来年二月頃に日本に届くであろうと極めて嬉しいニュースを伝えてくれた。

松方コレクションは絵画二百九点（うち四点破損）、彫刻一点、書籍数点を含み時価二億五千万円以上とされ、その中には国宝級のものもあると云う。マルロー氏は人民の尊

厳とその創造的精神について強い信念を持つ思想家であって、その著書『人間の条件』及び『希望』等は世界的に有名である。今度の来日の主な目的は東西の文化交流にありとされ、古い文化の基礎の上に立ちて枯れ死することなく更にはつらつたる新しい文化を創りつつある日本の真髄を伝えるため日本の総合的大文化展をパリで開きたいと云う希望をも述べられた。

今から三、四十年前マルロー氏と同じような考え方をもって西洋文化の基礎となす真髄を日本に伝えんとしたのが松方幸次郎氏であった。松方氏は威容長躯川崎造船社長として大胆不敵の英雄型の人であったが、日本人が先進国文化の皮相のみを見て、今少し掘り下げてその拠って来る根源を見ないのを遺憾としておられた。教会から朝夕流れ出る鐘のチャイムに美しいリズムを感じ、教会の壁画に不朽のタマシイを見出して、洗練された芸術を日本に紹介して眼を醒ましてやりたいと云うのが氏の動機であった。

パリではしばしば私の処に来られ「久我さん、一緒に絵屋（画商）に行って見ませんか」と云って同行したのである。またある時は和田英作画伯も一緒だったり、またひとりで画をあさりに出かけられた。直接クロード・モネのアトリエに行って、掲げられてある画を全部譲ってくれないかと、大いに気を吐いたこともある。この話は私が福島繁太郎君夫妻及び正宗得三郎画伯等と一緒にモネを訊ねた時、直接モネから聞かされた。

当時の浜口内閣は美術品の輸入には禁止的政策をとっていた為、松方氏は一時之をフランス国立美術館の二階に預けていたのであるが、同館でも処置に窮してクレマンテル委員（前蔵相）は私の処に相談に来た。クレマンテル氏は私とは親密に（チュトワイエーの関係）呼び合う間柄であったので、色々と世話を焼いてくれた。藤田嗣治君の画を最初にリクサンブールの国立博物館に入れた時も私と一緒に藤田個展をみて、バラと女の図を選んだのであった。

当時クレマンテル氏が小声で私に語ったところによれば、あの中には非常に貴重なものが沢山あるが、中にはいくつかの偽物も交じっている様だから巴里で予め公開するのはどうかなと云った。しかし大漁の網の中には多少の雑物もあっても好い、魚が沢山入っていれば、それで結構であるからフランス政府の好意をありがたく感謝しなければならないと考えたのである。何はともあれ今回フランス政府の好意により松方幸次郎の素志が達せられたのは古い種から新しい芽が吹き出る思いで祝着の至りである。》

それにしても、戦争を挟んでもまだ百年は経っていないその頃の先輩日本人はスケールが大きいと云うか、思慮の深い豪毅英邁の男達が居たもんだと、唯々驚き敬服するばかりである。久我貞三郎から親しく薫陶を受けた私のかつての上司細郷弥市（戦後のフランス三菱社長、のち常務）は、後輩であるわれわれ後進のパリ駐在の若者に伝えるために、令息久我太郎氏（のち三菱化成役員）の手記等をもとに更に次の如く久我家の井戸塀ぶりを伝えている。

《久我貞三郎は大正十年（一九二一）三菱商事ロンドン支店に一時勤務のあとパリ支店（フランス三菱S.A）開設のため渡仏した。日仏の通商関係は絹、染色等でリヨン、石炭の名を残すマルセーユ等の縁が深かったが、第一次大戦後は戦勝国の列に加わり国威発揚の頂点に達し、円為替も強くなってパリへの日本企業の進出が見られるようになった。

一方に、技術、美術、学芸の先進国の中心となったパリを目指して渡仏する邦人も多くなり、フランス三菱開設後は邦人の接待、仏政府との接触に寧日もない有様となった。福島慶子（夫君繁太郎は高師附属中時代の親友、兄荘清彦は三菱商事社長）は随筆『ヨーロッパの日本人』の中で、

「フランス三菱がどんな商売をしていたのか知らないが、久我貞三郎は派手好きでシャン

ゼリゼのど真ん中に大きな三菱の看板をおっ立てて、黒人の運転手に水色の自動車を運転させてパリ街頭を疾駆していた」

と書いている。

住居も度々引っ越して比較的長く居たのがサンクルーの丘の上、それからサンジェルマン、アンレイの広壮なヴィラ、グランリュウ、夏休みにはドーヴィルやベルクグラージュに別荘を借りパリまで往復すると云う具合。客人も多く中でも一橋の恩師福田徳三博士夫妻、正宗得三郎画伯等は久我邸に長逗留される。家のスタッフはチョビ髭運転手のカケ、畑仕事と台所を受け持つシドニー婆さん、第一次大戦にニューカレドニアの鉱山から仏軍に志願してお役御免となった自称コックの熊本県人本田、革命のロシアから逃れたペトログラードの豪商の娘で日本人の家庭の子守に志願したムラ等。

クレマンソー、ポアンカレをはじめ通商大臣クレマンテル等フランスの政治家、軍人から邦人、中国人、欧米諸国人と客の出入りも激しかった。三菱社内ではいつ仕事をしているのか？　自費にしても莫大過ぎはしないか！　などの噂が立ったが、種明かしは簡単で妻多津の実家高橋家は房総の豪農大地主であったが、不運にも二人の男児が若くして夭逝、女相続人となった長女の為、言われるまま豪産の大部分を挙げてパリに送っていたとの話。それでも第二次大戦後の農地解放までは豪農の面影を残していたものの、パリへの送金はその頃で云う井戸塀的影響を実家に及ぼしていたのであった。

仕事と云えば日本陸軍の要望でドボアチータ航空機会社の経営に参画したり、イスパノ・スイザ・エンジンの対日輸出を計ったりする間、ベルギー、フランスの鋼材の対日輸出の為ダンケルク港の積み出しを脅威的に増大し、このことによりアルベール一世（ベルギー）ブール・ルメリット勲章、レジョンドノール、オフィシエ（フランス）勲章等を授けられている。》

世に井戸塀とは政治道楽に資産を傾けることだから、久我の実家はそれには当たらないかも知れないが、後日殊に第二次大戦後フランスに駐在した三菱商事諸氏にとってはこの様によく散じたと言われても全く夢の様な話に聞こえたに違いない。

妻多津の実家には絵師等がいつも逗留していた。その父高橋一郎も明治初年上京して農学校に遊学中養われた絵心は抜群の才能を示していた。そんな雰囲気の中から女学校（お茶の水）に進んだ。その時の友人が福島慶子であり、暫くあとには沢田美喜（岩崎久弥の娘、エリザベスサンダースホーム園長）もそのサークルに加わる。

久我はクレマンソーの知遇を得て、クロード・モネ、アンリ・マチス等の画家と交際を広げ松方コレクションに関係する。沢田夫妻はやや遅れて渡仏、マリー・ローランサンに絵を見て貰うようになった。その他久我邸には正宗得三郎、三上知治、結城素明、藤田嗣治、青山義雄等が出入りし或いは逗留していた。フランス三菱の嘱託格で記念写真等撮っていた一人に当時リヨンの学校を出たばかりの脇田和の姿も見える。また、パリ日本館を寄附した薩摩治郎八は晩年パリ会での述懐でもたびたび久我貞三郎の活躍を語っている。

正力松太郎の柔道

日本の柔道史を語るときに忘れてはならない人に正力松太郎（富山高岡）がいる。前述の長谷川秀治（福井武生）より十三歳年上、いずれも四高から東大へ進学。柔道部の先輩後輩の関係になる。愛知県犬山の明治村には、金沢にあった旧制四高の武道場「無声堂」が、そのまま今でも保存されている。

正力といえば、読売巨人軍のオーナーで、「野球の選手は、常に紳士であれ」と説いた日本プロ野球の父である。

若い頃に体験したことがまとめられた『禅と念仏―正力氏の坐禅体験録を契機として』駒澤大学教化研究所編（昭和三十六年、講談社刊）には次のように紹介されている。

《正力が薫陶を受けたのは本郷にあった無凝庵勝峰大徹師（一八一八～一九一一）であ

正力松太郎・読売新聞社社主　1955年９月19日
（読売新聞社蔵）

る。容貌は魁偉、一見ビスマルクに似て姿勢は淡泊にしてこだわりなく天真爛漫であるが、いったん禅室に入ると不動明王の如き鬼気を発し、機鋒峻烈、仏魔併呑の趣あり、八十四年の生涯の中で後半二十年を過ごした。

参禅者の中には大石正巳、河野広中、細川男爵、松平子爵、藤崎虎二らがいて、正力は東大二年生であったという。

飛ぶ鳥を落とす勢いの大隈重信を無視したり、大喝一声、中江兆民を心服せしめた等、逸話も沢山残っている。

同書中の「禅と念仏は同一か相違か」という座談会には、梅原真隆（富山大学長）、小野清一郎（東大名誉教授）、佐藤

犬山明治村の四高無声堂（筆者蔵）

泰舜（曹同宗永平寺）、杉靖三郎（東京教育大教授）、山田霊林（駒沢大教授）、増谷文雄（東京外語大教授）が出席、発言し、さらに司会者増谷文雄が次のように対談を行なっている。

増谷　その頃（明治末期から大正初期）、本郷の東大あたりには、すぐれた宗教人がおられたようですね。

正力　勝峰さんは下谷の広徳寺に一般の人に提唱し、駒込に庵を結び、そこへ呼んだのは特別の者ばかりです。大石正巳、伊達伯のほか、政治家や弁護士など、約六十名ほど来ていました。学生としては私一人だったようです。

私は富山なんですが、あそこは門徒宗の多いところです。朝晩お経を読んで精進させられて、母はいつも「ありがたい、ありがたい」と言っておりました。そして死ぬときには、「南無阿弥陀仏、南無阿弥陀仏」と言って、死んでいった。

そこで父母の死んだ日には精進することにしていました。しかし、東京での仕事、新聞社では非常に宴会が多いわけですが、私は父母の死んだ日には精進することにしていました。私は父母の命日には宴会には絶対出なかった。一つは両親を思い出すには精進することが一番だという意味でやっていたわけです。

増谷　お母さまが喜んで死んでいかれたということですが、正力さんが禅をやられてたどり着いたところも「死ぬことと見つけたり」と言っておられる。これは結局念仏でも禅でも同じところに到達したのではないかという見方もできます。

正力　私がほんとうに禅をやろうと思ったのは、柔道が強くなるためにやったんです。

増谷　正力さんは勝負強いのはなんですか。

正力　なんだかわかりませんがね。（笑声）

増谷　お座りになる前から柔道はあまり負けなかったんでしょう。

正力　柔道は強かった。金沢の四高の三年のとき、私は負けるべき試合に勝っている。剣道は中山博道範士にいわれてから自分でも強くなったと意識しました。警視庁にいた時も猛烈に稽古しました。師範と試合して、一度負けただけだった。ふだんの私は決して強くない。稽古もよい稽古ではない。しかし、勝ち運に恵まれることもあるが、身を捨ててかかったことによるものと思う。頭で覚えただけではだめで身を捨てなくてはならないということだ。古歌にもあるでしょう。「ふりおろす太刀の下こそ地獄なれ　身を捨ててこそ　浮かぶ瀬もあれ」

自分を生かそうと思えば死ぬ気になることである。しかし、どんな場合でも相手のことを考えてやる寛容さも必要ですね。

禅については専門家にお聞きになればわかることだ――。

（対談編集者付記）

読売新聞の第一次争議は正力社長が生命を張って経営管理を拒否し、経営確保のために闘い抜いた結果、後任社長及び重役の推薦と経営協議会の設置という初志を貫徹、経営の主権は確保され解決した。

右からボネモリ博士、筆者、長谷川秀治、正力松太郎（国際文化会館中庭にて）
（『至善至愛―長谷川秀治追悼集―』より）

ところが昭和二十年十二月十二日、戦争犯罪人として巣鴨拘置所に収容されると（一年九か月後無罪釈放）、社内は急激に浸透した共産党勢力が実権を握り、占領軍当局一部の左翼勢力の支援をうけて、読売新聞は「赤い新聞」として評判されるに至った。

馬場慎吾社長は編集権の確立をはかったが、第二次争議に突入した。ところが、最初第一次争議を支援した占領軍当局は、その誤りをさとって方針を改め、赤色分子を弾圧することになり、馬場社長以下幹部の努力もあって百五十日に渉る第二次争議は解決し、読売新聞の赤化は防止されて正常な新聞に復帰した。》

メトド・カワイシとフランス柔道私見

その賛否についてはすでに今日まで何度となく何人もの柔道関係者が述べているので繰り返さないが、私はむしろ戦後フランスにおいては、「川石式柔道の習い方」教室(Method Kawaishi)があったればこそ、今日の他国に比べ抜群の柔道発展があったとみている。

それは川石がフランスに渡る前、十年に及ぶ米英国における外国体験が、とかく「武士は喰わねど……」式の日本流処世術に反し、川石造酒之助は本来の金銭感覚に厳しい商売人としての組織構成力、企画能力等が加わって、戦後荒廃したヨーロッパ、フランスに活路を探し、大戦のあと職を求めた若者たちにＪＵＤＯという新しい職業を定着させることができたためだと思う。この点については、吉田郁子著『世界にかけた七色の帯』(駿河台出版社)に詳しい。

左から川石酒造之助七段、小田常胤九段、ドヘルト五段（全欧選手権者）、筆者（四段）（フランス有段者会道場にて）（筆者蔵）

つまり極端に言えば、日本での「駅前英会話塾」方式で、誰でも行ける、誰だってやれる小遣い稼ぎとなった。オリンピックスポーツを創造、或る意味「スポーツ健康ジム」で食べて行ける式の職業を奨励したフランスであるからこそ、そのへんはもちろん行政的に社会主義的公務員万能の運営規制と相まって取り組んできたことの証明であると考える。

川石はフランス語は長年のフランス生活にも関わらず下手で、英語を主として話していたとはいえ、決して雄弁ではないし、他の文芸知識などの事情に通じていたとは感じられなかった。石黒敬七や藤田嗣治のようにパリの日本人会等で交友を広げるということもなかった。

彼の口からこれからの日本が掲げるべき国際柔道の構想の持論もなく、私はその当時オリンピックのオの字も、彼から聞いたことはなかった。

ただ如何にして、自著の『メトド・カワイシ―川石式柔道の習い方』本を売り上げ、いかにサンチュール・ノワール（有段者会）会費の徴集が大切かを、身を以てフランス人たちに教えていたのが、そのころの私の受けた印象であった。

したがって、年齢が高じてくると次第に酒量も制限されてきたのに加え、趣味としてはフランスで長く暮らしているといって、別段話題にするほどの他人に語ってきかせるものもなく、独り黙々と孤独を楽しむかのごとく、大好きな「カジノ」通いだけはしていたようだ。


例えばその道場は一〇九番地オーギスト・ブランキ大通りのガレージ跡であった。私は或る日その名前の由縁を川石に尋ねた。フランスでは世界の地名や人名がよく使われているので、これは何かと訊くと、

「人の名前だろう……?」

と一言で終わった。

そこで私も単なる人の名として覚えていた。ところが「フランス史」を読み直して見ると大変な歴史的な人物の名前であることが次第に判って来た。

世界の革命家。何度も死刑判決を受けながらも三十三年に及ぶ監獄生活。マルクスは世界の革命的共産主義者として称揚し、一九一七年（大正六）のロシア革命のレーニンは彼の理論を受け継いだとされる。一八八一年（明治十四）七十六歳逝去。

川石は確か早稲田の政治科を出て、青雲の志を抱いてアメリカに渡り政治家になることを夢みていたと聞いていた。あの時一言「パリコミューン」とでも云ってくれていたら、私ももう少し早く気が付いて本を読みフランスに対する認識も増していたと思うと残念でならない。およそ柔道家と云えば、私の周辺にはフランス人も含めて無関心者だけだったのか……？　その頃は別段痛痒も感じなかったが、もし早くそれが解っていたらと思うと残念である。

フランスはただ単に文芸の中心、花の都パリなのか。近代の世界の政治的変遷の歴史はフランスを中心に動いていることがその頃漸く少しずつ判って来た気がして来た。

同じ早稲田柔道の石黒敬七は世界の画家が垂涎の的「サロン・ドートンヌ」に二回も入選を果たした。そして当時のパリ日本人会の中心的人物であったなど、その存在感はおよそ両者は異質にして両極端、正反対であった。しかし、私には良い意味で、コスモポリタン＝国籍超越的人間を地で行った日本人をあげよといわれれば、まさしく第一級的存在として川石造酒之助を上げるだろう。

前述のボネモリ先生とたまたま最後二人きりになったことがあった。昭和四十年（一九六五）十月、リオデジャネイロの国際柔連総会に発つ前にパリのシャンゼリゼのホテル・カリフォルニアのバーではなかったかと記憶する——。

「……おまえにいっても仕方のないことだが……」

と前置きして、親子ほど年齢も違う私に本音を漏らしたことは意外だったし、それだけに今でもそのときの空気をよく覚えている。

「……日本には正力松太郎、長谷川秀治、永野重雄、井上靖等々素晴らしい柔道家をたくさん知っている。国際感覚も豊かで、世界的に立派に通用する人々だ。それが柔道連盟の話になると、日本からはどうして柔道だけしか知らずに、柔道のこと以外は何の話題もない人間しか出てこないのだ？……」

　昭和四十年十月、リオデジャネイロ総会では嘉納履正会長の再選は否決され、新会長はイギリスのチャールズ・パーマー（三十五歳、当時講道館三段中堅クラス、月並み試合によく出ていた）が選出された。


　わずかの体験だったが、濃密に外国人と接している頃を回想して思うことだが、創始者嘉納治五郎の苦労や先人の心意気を改めて痛感する。外交官、大使という特権を活用して上流知識階層を啓発した杉村陽太郎。明治中期、激動の欧州で日本の威信を発揚した海軍武官広瀬武夫。その愛用の柔道着が横須賀の軍艦三笠にそのまま、今日でも陳列してあるので、これまでに何度も拝観に行き、感動して、そのたびに胸に迫るものがあり、明治の男たちの多士済々に驚くのである。


「柔道を教えてやる」「柔道は日本のもの」が、変わってきたのである。

　長谷川秀治の語録の中にも、

「オリンピック、赤十字、ユネスコ、ＩＬＯ（国際労働機関）、ＷＨＯ（世界保健機構）

等、みんなフランス人、イギリス人、ドイツ人が作った。国際連盟でも日本は今日まで何度となく苦杯をなめさせられ、騙され、裏切られてきた。今日まで高い月謝を払ってきたのだよ。柔道とて例外ではないのかねえ……」

と、漏らしておられたことが思い出される。

しかし一方、日本人柔道家としては純真朴訥の人柄は愛嬌だが、五十年経っても話す言葉は赤ちゃん言葉のほうが西洋人には扱われやすく付き合いやすいのかもしれない。

一方、どこそこの国では大統領に会ってきたとか、柔道着三十着を寄付したとか、畳五十枚を贈呈して来たことしか話題にならないとはどういうものか。

いわんやプレゼントされたと高級時計をTVで自慢して見せびらかすどこぞの会長には開いた口がふさがらない。

たしかに、ここに一世紀にも渉る時代の変遷の中でオリンピックもスポーツそれ自体変質し、古いものがなんでもよいとはいえない。一センチ、〇・一秒の差を競う競技と格闘技、あるいはチーム競技を一概に同等に論ずることはできないことも当然である。

東京大学伝染病研究所所長長谷川秀治七段に驚くフランス人

私が渡仏一年ぐらいだったから昭和三十年（一九五五）頃ではなかったかと思う。長谷川秀治先生が政府の学術使節団（団長、東大茅誠司学長）副団長として、欧州、ソ連を回って視察、パリで解散となったことがあった。一度フランスの田舎を見てまわりたいとのお話があったので、仏柔連会長のボネモリさんと相談して、日本大好き人間、ノルマンディのレーン柔道会長のいる都市カーンを訪ねたことがあった。

カーンは第二次大戦最後の激戦のあった、アメリカ連合軍の反撃再上陸したところで、当時はまだ終戦後十年だから、荒涼たるノルマンディの砂浜にはまだその痕跡や残骸があった。長谷川先生はカーン大学の表敬訪問を済ませ、午後から柔道クラブを見ようといわれたので案内した。

そこで私は、用意してきた柔道着に紅白帯を締めてもらい、全員の前で長谷川先生を紹

長谷川秀治（筆者蔵）

介した。ボネモリ会長がフランスを代表する最高頭脳の一つである「キューリー研の学者」であることは、フランス人柔道家ならみんな知っている。

そこで私は精いっぱいのフランス語で長谷川先生を紹介した。

「ボネモリ会長と永年の友人であるＤｒハセガワは柔道七段の往年の名選手である。

東京大学の伝染病研究所は半世紀以上にわたって、『ラボラトワール・パスツール』とは密接な研究交流を続けている日本を代表する学者である。今回は日本政府の代表でドイツ、フランス、ソ連に行って来られたが、若い頃永年修練した愛する柔道のためにフランスの柔道の友人と会いたいと思って、このカーンに来たのだ」と通訳した。

するとと道場の中の空気が変わった⁉　キューリー研、パスツール研といえば、いくら力自慢だけのノルマンディの柔道野郎共でも、名前を聞いただけで、

「このドクターは並みのジャポネじゃない、日本の『パスツール研究所』の大御所か⁉」

「パスツールの所長が何十年も前から知っている？　昨日パリで会って来たとよ⁉　その上七段か‼　とは驚いた……」

「今まで最高と思っていたパリのカワイシ七段と同じではないか？　そんなに偉い先生なのか……」

暫くして乱取稽古となってからである。見学に来ていた大勢のフランス人たちの目つき、顔色が変わった。

その中で意味のない組手争いをしている黒帯の二人を見ていた先生は中に入って行かれた。立技から相手の前に進む呼吸を図って肘関節を決める関節技。それと反対に己が引く、さがると見せて咄嗟に体を横に開いて取る腕関節技など教えられた。更に日本人としては比較的大柄な先生は寝技に入る時の左右の膝の使い方、相手の大腿を圧しながら肩で

さぐる一方、抑えに入ると見せて瞬時に互いの体の透き間から無防備の首を狙う絞め技などを実演されたのである。

これが先年白金の伝研所長室の広くて重厚で荘厳な応接室で初めてお目にかかった同じ人かとわが眼を疑った。

日仏学生柔道協会

昭和三十六年（一九六一）一月に設立され、事務所は駿河台二丁目三番地、日仏会館内におくと記載されている。

日仏会館とは、激動の幕末維新以来、日仏が交流の長い歴史と共に両国の学術文化にも多大な貢献交流をしてきたことを広く世間に問う目的をもって、大正十三年（一九二四）渋沢栄一を中心に学界、政財界の有志が呼応して創立されたいわば友好親善の殿堂として存在した。これには当時の駐日大使、ポール・クローデルの多大な協力があったことが、同館の沿革史には記述されており、近く創立百年を迎え、現在は恵比寿三丁目九の五に移転している。

奇しくも平成三十年（二〇一八）七月十四日は、いわゆる「巴里祭」、つまりフランス共和国建国の祭典パレードがシャンゼリゼ大通りで挙行された。日の丸を掲げた日本の自衛隊の勇士代表は、日仏修好百六十年を記念して招聘されて、大勢の観衆から絶賛の拍手を浴びたことが報道された。

日仏会館の沿革を見ると、まず構成している諸学会、団体は次のごとくである。日仏生物学会、日仏理工科、日仏農学、東洋学、社会学、法学、歴史学、経済学、音楽協会、海洋学、演劇協会、政治学、図書館情報学等のほか、日仏医学会、日仏女性研究学会、日仏美術学会、等々。

関連団体として、日仏経済交流会（パリクラブ）、日本パスツール協会、在日フランス商工会議所および渋沢栄一記念財団等々が併設されている。

その中で唯一、学術研究を主たる目的としない「日仏柔道協会」がわずかではあったが、ルネ・キャピタン館長（ドゴール政権時の教育相）が在任時、東大伝染病研究所の長谷川秀治博士とによって設立されたのは特筆すべきことだった。なお、設立時の役員関係者は後述のとおり。

この中でも一番古い日仏生物学会は、昭和七年（一九三二）長與又郎―北里柴三郎初代東大伝染病研究所（現医科学研究所）所長から数えて四代目の所長（緒方洪庵適塾の福沢諭吉の盟友長與専斎の息子、のち東大総長）―によって設立された。戦争中とその直後の空白時代を埋めて第二代の会長を引き受けられたのが、東大伝研第八代（昭和二十四～三十一年）所長の長谷川秀治であった。

昭和三十八年（一九六三）東京大学本郷・七徳堂でのボネモリ博士歓迎の赤門柔道会主催の盛大な集まりの後、私はフランス行きを志望する旨伝えるため、目黒白金の東大伝染研究所を訪ねて、改めて長谷川先生にお会いした。大きな重厚な本皮の応接セットのある所長室であった。

「……眼の前のチャンスは確実に掴むことだ……」

と言われたことを覚えている。

「君は出身は新潟というが、新潟中学か」

と尋ねられたので、そうですと答えると、

「君の先輩を紹介するよ……」

と、あとで聞けば生涯弟分に当たる新潟中から金沢の旧四高へ行った後輩の宮崎吉夫博士であった。旧姓伊藤と言われ、新潟横越村深海の「北方文化博物館」八代目伊藤文吉氏の叔父でその後何年かあと、東京医科歯科大教授のまま若くして亡くなられた。

そんなご縁もあって、フランスから帰ると、長谷川先生の奥様まで、昔からの吉彦ちゃんなどという時代からのお付き合いだったので、八代目文吉さんとは後年親しくおつき合いをいただいた。

戦時中、東大医学部、伝研の世界的に貴重な膨大なる資料を満載したトラックが疎開のため、新潟中蒲原郡横越村の「大豪農の館」に運んだと云う、「そんなことを今知っているのはあんたぐらいのもんだよ」と八代目（平成二十八年逝去）からよくいわれたものである。


平成二十年（二〇〇八）日仏交流百五十周年記念の講演会で、八杉貞雄前会長が語られた経緯を、「日仏生物学会会報」から要約すると、

「学会の成立は昭和四年、東大伝研の長與又郎、佐藤秀三教授が生物学交流のための研究組織をつくろうとしたことがきっかけである。昭和七年来日したジャン・モッテ博士が両教授と協議の上、同年十月四日日仏生物学会が発足した。同時に日仏医科会（現在の日仏医学会）の設立にも尽力された。フランスの生物学会（Societe de Biologie）の支部とい

う形である。しかし、第二次世界大戦の勃発まで学会は活発な活動をしていたが、さすがに大戦の末期には例会も開かれなくなり、休会状態であった。」

副会長だった長野泰一教授（北大医、東大教授、のち第十代伝研所長）は、そのときの状況を次のように語っておられる。

「パリで研究の合間知り合ったのが、ポール・ボネモリというキューリー研究所の放射線生物学の学者であった。聞けば、柔道の高段者で欧州柔連の会長だという。大変な日本探求をしている上に、学術研究の面でも有名な学者で放射線物理でも著名な実績をあげていることがわかった。これを帰国して先輩の長谷川秀治に話したところ、それまで特別にフランスとは縁が深いということはなかったが、元々長谷川自身著名な柔道家だったことから、ボネモリ博士とすぐ意気投合し、親交を深めた。

そして日仏生物学会会長に就任したので、一挙にフランスの学者との交流が進んで、これまで以上にパスツール研究所も含め日本が再認識されるようになって、両国の学術交流が進展した。」

また日仏学術交流については旧四高、東大柔道部の長谷川秀治の先輩正力松太郎（読売新聞社）が陰に陽に協賛して、日仏学術交流の実をあげてきたのである。

その日仏会館の中に存在した柔道協会は、ほかの学術研究を主目的とする協会に比べて一見奇異に人々の目には映ったかもしれない。しかし、当時の館長ルネ・キャピタンは自ら副会長を引き受けた。キャピタン氏はドゴール政権時代の重要閣僚で大臣も歴任し、著名な教育者だったとも聞く。したがって当時の駐日大使らも柔道協会、正力松太郎、長谷川秀治には一目も二目もおいているように窺われた。

日仏学生柔道協会設立趣意書

《嘉納治五郎先生を始祖とする日本伝柔道は、今では世界のスポーツとしても、国際的にめざましい進歩発展を示しております。特に、フランスにおいては、上下をあげて柔道に親しみ、国内二十余万の修行者は、柔道の精神と技術の体得に打ち込んでいるという現状であります。

過般の東京における第一回、第二回世界選手権大会には、フランス六千人の有段者を代表するパリゼ、クルティーヌ等の著名選手が上位入賞の好成績をおさめたことは記憶に新たなところでありますが、現在パリ市内だけで、柔道道場の数は、九十に及び警察や軍隊にも採り入れられ、柔道はフランスの第二の国技として、今後ますます隆盛に赴く傾向にあります。

さらにこのフランスを中心としてドイツ、イギリス、オランダその他欧州諸国は、それぞれの国柄に応じて、わが日本の柔道を行なっておりますが、これにはわが国柔道の先駆者各位の異国における非凡なる企画と指導に負うところが大きかったことは否定できません。

しかしながら、フランスでは、その国の特殊事情と法的措置によって今日では、フランス人以外の柔道専門家が滞仏して柔道教師の職に就くことは事実上禁止されている状態であります。

それでも、フランス柔道界の指導者は、実際は特に日本に学ぶべきことのなお多きを自覚しております。

すなわち、六年前、フランス柔道連盟は慶應大学福田満四段（現在三菱商事社員）を招聘し、同四段が、パリ、ソルボンヌ大学に留学するかたわら、柔道の指導を行なうことを要請しました。福田四段の教養と適切な柔道指導は、好評をもって迎えられ、その後引き続いて萩原四段（慶大）、服部三段（東大）、石井四段（早大）、佐藤四段（早大）の渡仏が実現し、また中山四段（東大）、黒川五段（教育大）、松下五段（日大）等の同じく学生柔道人の英、伊、スイス各国への柔道行脚も行われつつあります。

このように、欧州、その中でも特にフランスは、純粋にして研究心に富む若い学生または学士の柔道人の渡仏を望み、さらにその人たちを通じて両国の学術文化の交流を積極的に進めることを志向するに至っております。また逆に、その国の柔道学徒を日本に留学させ、柔道研究を兼ねて専攻する学問の研鑽を続けさせようとする構想をも鋭意検討しつつあります。

それがため、現日仏会館館長にして、元フランス国文部大臣のルネ・カピタン博士（現パリ大学教授）を中心としてフランス側は、二、三年来、日仏文化協定の一環としてスポーツ交流を取り上げ、柔道による日仏文化交流を是非とも早急に実現したいという熱望を示し、フランス側においてはすでに、柔道研究、文化交流のためセンターとなるべき機関をつくったから、是非とも、これに相当する日本国側の指導センターの結成組織化を実現してもらいたいと懇請してまいりました。同博士は先般来、日本滞在を利用し、昵懇の間柄にある長谷川秀治医学博士（東大名誉教授、多年日仏文化交流に貢献、レジオン・ド・ノールの受賞者）を介して国内の関係各方面に呼びかけを行なっております。

これを要するに、日仏それぞれに柔道を通じての永久的な文化交流を推進することを大目標として、とりあえず、優秀な学生または学士有段者を交換留学せしめ、柔道の研究、指導を合わせ行なわせようとするものであります。

以上のようなフランス側の切なる申し入れに対応し、柔道を通じて世界各国と真の国際親善を促進する第一の試みとして、わが国有識者にして柔道精神に生きておられる諸賢の深甚なるご理解とご配慮とを以て先ず、日仏柔道協会設立の機運を盛り上げ、これが実現のため、清らかなご援助を賜わらんことをお願い申し上げる次第であります。

一九六〇年六月二日

日仏学生柔道協会設立発起人会》

日仏学生柔道協会建白書

《日本伝柔道の正しい発展と国際的普及は、柔道を愛する者の等しく念願とする所でありますが、柔道の精神と技術の体得は、単にスポーツのみの課題ではなくして、世界の文化史的意味を帯びた問題として、内外の識者により理解されております。自他共栄、エネルギー善用、合理性の探求等が具体的テーマとされ、科学と精神文化の領域においても一種の使命感に支えられています。

この文化史的使命に基づいて、わが日仏学生柔道協会発足の機運は急激に醸成され、協会設立は実現の運びになりました。

すなわち、フランスには、かねてから日本柔道の持つスポーツとしての世界性と高尚な精神要素に魅力を感じ純粋な形でこれを受容しようとする国家的、全国民的希望の切なるものがありました。いわば、柔道の導入について国家的要望があったわけであります。これを如何に実現するかについて、種々の構想があったと聞いておりますが、結論的に純粋にして研究心に富む日本の若い学生、または学士の柔道人の渡仏留学を求め、学究のかたわら、柔道指導にあずかりたい。またフランスの柔道学徒を日本に留学させ、柔道修業を兼ねて、専攻する学問を研鑽させたい。そして、柔道に結ばれる両国学徒を通じて、日仏の学術文化交流を積極化しようとする構想がとりあげられました。この構想が、日仏学生柔道協会設立の形で実現されたものであります。

協会設立のために、去ること昭和三十三年以来、二年にわたって、フランス側代表のルネ・キャピタン（当時日仏会館学長）と日本側を代表する長谷川秀治等が、検討協議を重ね、①日仏文化協定の一環としてスポーツ交流を取り上げ、日本の無形文化財ともいうべき柔道による日仏文化交流の道を開く、②日本側の指導センターを組織結成して、フランス側の同種の国家的機関に対応させること、③この組織は、両国の有識者、柔道関係者を網羅する政府承認の法人組織とすること、―以上の三点を目途として、各方面のご批判を仰いでまいりました。

さいわい、講道館、学生柔道連盟等におけるわが柔道界の先達、同志諸君の専門的助言、協力をはじめとして、文字通り、国内の学界、並びに、政、財界等あげてのご理解とご教授によって、日仏学生柔道協会の名称の下に、去る昭和三十五年六月二日発足の運びに相成りました。

特に協会設立と同時的に、日仏両国政府から、直接の助成が行われたことは、早くも日仏文化交流の使命を担う協会の存在意義がおおやけに認められたものとして欣快にたえません。わが協会は、設立草々、有能な柔道学徒のフランス派遣を実施し、またフランスからも学徒を招き、柔道を通じて、学術文化の向上と国際親善の促進に寄与するための画期的事業に乗り出しました。

ここに、協会設立のため賜わりました各方面のご指導、ご協力に深甚の謝意を表すると共に、将来のため、さらに大いなるご援助を賜わらんことを心からお願い申し上げます。

昭和三十六年　一月

日仏学生柔道協会
会長　正力松太郎
副会長　ルネ・キャピタン
副会長　長谷川秀治
常任役員一同

日仏学生柔道協会役員名簿

会長　正力松太郎
副会長　ルネ・キャピタン
副会長　長谷川秀治
顧問　東龍太郎（東京都知事）　安西浩（東京瓦斯副社長）　嘉納履正（講道館長）
永野重雄（富士製鉄社長）　藤山愛一郎（前外務大臣）　ダリダン（駐日フランス大使）

ほか
理事長　長谷川秀治（東大名誉教授、日仏生物学会会長）
副理事長　羽鳥輝久（東京海上火災、慶大柔道部監督）
理事　荒井渓吉（高分子学会常任理事）　安西正夫（昭和電工社長）　赤尾好夫（旺文社　日本教育テレビ会長）　石井光次郎（衆議院議長）　石坂泰三（日経連常任理事）　井上靖（作家）　今里広記（日本精工社長）　植村甲午郎　大屋晋三（帝国人絹社長）　桜田武（日清紡績社長）　大川博（日本教育テレビ社長、東映社長）　清水正一（慶大・東大柔道師範、東京学柔連理事）　品川主計（読売新聞社）　荘清彦（三菱商事社長）　堤康次郎（衆議院議員）　宮崎輝（旭化成専務取締役）　宗岡哲郎（東京学柔連理事）　森繁雄（東大名誉教授、東大柔道部長）
参与　伊藤正己（東大法学部教授）　石黒敬七（作家）　江尻宏一郎（三井物産燃料課長）　八田一朗（日本アマレス協会会長）　早川勝（日経連専務理事）　原文兵衛（警視総監）　毛利松平（衆議院議員）　湯本修治（ＮＨＫ考査室）》

柔道留学生相互派遣状況

フランス派遣者としては小林幹子（女子二段、日大病院小児科、ツールーズ大学）と佐野進（天理大四段、帝国人絹）がすでに渡仏希望があったので仏柔連に推薦とした。他に岡田栄功三段（京都医大）、新三菱名古屋製作所勤務の平岡武男四段（東北学院大出）は、副社長清水鷹治が東北学院大出の往年の柔道高段者だったことから、特にお願いをして選抜していただいた。明大からは富賀見真典四段。その頃話題のオランダ、ヘーシングが、私は実際見てはいなかったが、小兵のこの富賀見だけは稽古でいつも手こずって取れないと聞いていたので選考した。

林政宏四段、慶應文学部では成績優秀な特待生だったが、帰国後三菱製紙に入社後、夭折。次いで、海老根東雄四段（東邦医大）は医科系大学優勝者で渡仏内定していながら途中研究課題との調整つかず、渡航断念。安本総一四段（早大法）は、フランス女性と良縁を得て現在も滞仏中である。大国伸夫四段（明大）も帰国後夭折したのは惜しまれた。

一方フランスからは、ダニエル・マンション初段（写真家）。柔道修業援助のため三ケ月、経費給付した。同じく、ジャンピエール・ジルー初段（パリ国立美術装飾学校）は一年間滞在。昭和三十九年一月来日したのは、ダニエル・ベルジェール。ブザンソン大学海洋物理学専攻、初段。ジャンクロード・ヴァロー。ポワティエ大学電子工学、大学選手権準決勝進出。昭和三十七年、両名は昭和四十年九月、帰国した。『協会会報』第五号には支援学生の待遇について左記の記述がある。

一．日本の留学生に対しては、月七〇〇（フラン）をフランス政府から支給。不足経費はフランス側の負担。滞在は概ね二年間。

二．フランスからの留学生に対しては、滞在費月三万円。宿泊実費は負担する。期間は二年。

しかしながら、情勢は東京オリンピックが終わった後の日本柔道界の混迷は様々な形となって現われてきて、日仏柔道協会もこれまでのような活動を継続することが難しくなってきたので、必然的に活動を休止せざるをえない状況になっていた。

昭和四十六年十月に、長谷川理事長宛てに届いたボネモリ氏からの書簡である（日仏学生柔道協会会報ＮＯ．３所載）。

「親愛なる長谷川先生

今月末帰国するベルジェール並びにヴァロー両君のことをお知らせくださりありがとう。両君とも日本ではとても有益な滞在をして、日仏学生柔道協会の歓待に極めて満足していると繰り返し申しております。一か月三万円の奨学金はあまりに少なく、生活費を充足させるためには、アルバイトをしなくてはいけなかったというが、それだけはちょっと問題があります。

あなたの手紙を受け取るたびに、このことについて福田氏と話し合いました。彼はアルバイト、そして一万五千円プラスして四万円を受け取れるだろうと言います。東京での話し合いによれば、五万五千円はパリで日本人留学生に与えられる七万フランにまあまあ相当するかと思います。この奨学金は東京でのフランス人留学生に与えられるよりも高い普通の生活水準を保証するもので、仏国青年スポーツ省が決めたものです。そのため日本人学生は、不足分はレッスン等をして稼いでおります。

私は日仏学生柔道協会がフランス人学生の一切の旅費を支払ってくださることに大変感謝をしております。

このような寛大なお取り計らいのおかげで、第一回の学生留学交流がたしかに実現できました。当時われわれには旅費負担をする手段がありませんでした。しかし、今この問題を再検討することに賛成ですし、公正な筋の通った貴殿の提案をお受けいたします。今後はパリー東京間の旅費（船賃）はわれわれが負担し、逆に東京ーパリの旅費は日本側で支払っていただくことになるでしょう。

滞在二年間という制限は今も有効ですし、これがわれわれの三人の留学生に超過されたのは例外的なことです。この延長は日仏学生柔道協会木内良胤氏と、当事者との話し合いの上決めたものです。

安本総一氏は昭和四十一年一月、大国氏は同年六月、帰国することになっています。彼らに代わるため、海老根東雄四段（福田氏の提案による）と松田四段（コラール仏柔連、三段、フランスＩＯＣ委員の提案）で検討してもらいたいと考えていますがいかがでしょうか。

富賀見はかなり例外的なことで、彼は見事にフランスに住みついてしまい、滞在の延長を強く希望しております。

われわれも彼を手放したくありません。それは彼の柔道が高く評価されているのと、これから来るであろう若い日本人留学生たちにとっても、その経験が有効な役割を果たすと思います。この第二回目の交換が第一回より成功したとすれば、たしかに富賀見氏は非常に有効な存在となりました。

すでに東京でも会ったこともあった原文兵衛氏に会えてとてもうれしかった。われわれはメキシコのオリンピックの柔道種目復活について、熱のこもった話をしました。原氏がこうして欧州各国を巡回して回ることはきわめて有効であり、タイムリーなことです。マドリッドでのＩＯＣ理事会理事会では最終決定の成功に大きな貢献となるでしょう。六月以来、あなたの息子さんから手紙をもらっていませんが、八月にはパリに来られるかと待っておりました。計画を変更なさったのですか。パリでお会いできると楽しみにしていましたのに残念でした。

正力さんは相変わらずご壮健ですか。

敬具

Ｐ・ボネモリ」

Ⅳ．よもやまパリと柔道人生回顧録

花の都パリ　柔道デモンストレーション

もと三菱商事マンの秦豊吉（一八九二年・明治二十五〜一九五六年・昭和三十一）はベルリンのドイツ三菱に六年余の勤務のあと、小林一三の知遇を得て東京宝塚に転じ、のち社長ほか、帝劇社長等を歴任する。

その間日劇ダンシングチームを創設したり、数々のミュージカルなどを手掛けて、戦後は「モルガンお雪」等、一時代を築いた。ペンネームは丸木砂土、府立一中、一高、東大法出の異彩の商社マンを振り出しに、六十三歳で死去とは残念であった。七代目松本幸四郎の甥と云う血縁もまた珍しい。

その秦豊吉の残した数ある著作、翻訳本『西部戦線異状なし』他がある中にエッセー集に『三菱物語』があって、昔のドイツやフランスに駐在して肩に風切って闊歩していた無名の若き商社マンたちを書いたものがあるが、「久我貞三郎と柔道」について次の様に紹介している。

《パリの三菱商事ではフランス首相ポアンカレでも、老政治家クレマンソーでも、友達扱いしかねないのが久我貞三郎であった。三菱の事務所はイタリヤ大通りからシャンゼリゼの大通りを一目で見渡す表通りに移転した。露台に立つとシャンゼリゼの大通りから凱旋門まで遥かに望見できる。久我の下には松本雄吉、増田昇二、広庭祐夫等の面々が控えていた。

大正十一年（一九二二）の九月であったか、久我が主催してパリで「日本柔道剣道模範試合」をやって三菱のお得意様は勿論、フランス各方面の名士を招待して大デモンストレーションを行った。今日フランスでも柔道は盛んに紹介されているが、その開拓者は三菱の久我貞三郎である。

場所はコンコルド広場の一角、フランススポーツ倶楽部。この倶楽部の中のボクシング・リングを利用した。客にはパンフレット「ＪＵＤＯ」を配り、客の中には経済大臣クレマンテルの顔も見えた。そこで出場者のメンバーがすばらしい。大使館参事官杉村陽太郎（あと大使、嘉納治五郎の秘蔵子、後継者とされていた）は、日本のスポーツ界でも柔道、水泳で鳴らしていた。堂々たる体躯は人の知る通りである。この杉村がモーニングを着用して流暢なフランス語で型の説明をしながら相手を投げたり投げられたりした。この相手が画伯の藤田嗣治である。オカッパ頭で柔道衣を着用して、モーニングの杉村と取り組んだ。

剣道の方では模範の型を示したものが俳優早川雪洲である。大使館に仕舞い込んであった面・胴を着用して竹刀を持って立ち上がったから見物の連中はあっと言った。早川は「ラ・バタイユ」の撮影でハリウッドからパリに来ていたのだが、この日本武術家姿はまた格別である。早川はアメリカ俳優界では一流の名を得た人だが、その実物の珍しい剣道着姿を見せるものだから、見損なったパリ女性たちは大いに悔しがったそうである。》

とにかく猫の画伯フジタとハリウッドで人気の俳優セッシュウ・ハヤカワがともに、柔道衣、そして剣道の面・小手の姿でエイ、ヤア、とやって見せたのだから、こんな贅沢な顔触れはない。花のパリの話題となり日本武術の大デモンストレーションとして大成功をしたのは当然で、久我貞三郎は大いに面目を施した。柔道の専門家でこの会に出たのは会田彦一（東京高師、五段）であった。

石黒敬七八段、川石酒造之助七段がパリに行ったのはこれよりずっと後のことである。

藤田嗣治先生に心服そして感謝

平成三十年七月三十日、上野の東京都美術館で「没後五十年藤田嗣治展」を見て来た。猛暑の中大変な人出でオープンセレモニーは立錐の余地のないフジタファンで溢れ返っていた。

この中に生前の藤田先生と親しくお付合いをさせて頂いた者が果たして何人いるか？恐らく片手の指に数えるほどもいないとなれば、その幸運を本当に嬉しく感じて胸に迫るものがあった。

展示されている作品の中で、「ジャン・ロスタン先生の肖像」（一九五五年）と、「JE REVIENS DE SUITE〝すぐ戻ります・・・〟のみの市」（一九五六年）は特に印象深い。先生がよく筆を入れておられた姿を覚えているからである。

ある日私はぶしつけにこんなことを訊いた。

「これは誰ですか？」

右手に蛙、左手にトカゲを掴んでいる禿頭のしかつめらしい威厳のある老人像である。

すると、先生は、

「シラノ・ド・ベルジュラック、君は知っているかね？……」

「？　？　？」

なんか、かすかな記憶が浮かんできた・・・。

「鼻の大きな？『白野弁十郎』……なら知っていますが……」

「そうだ、日本では翻訳劇で新国劇の沢田正二郎がやって評判になった……。劇作家エドモンド・ロスタンの芝居だよ。その息子の生物学者ジャン・ロスタン、フランスを代表するアカデミー・フランセーズの大生物学者だ……」

そして、

「面白いね、君は……白野弁十郎と来たか⁉……」

と、いつになく先生は陽気に大笑いをされた。

私はいつも先生の話が聞きたいので、なんとか気に入っていただこうと恐るおそるではあるが、先生のそばに居たかった。写真を撮ってほしいとか、絵を一枚、紙切れでも欲しそうな顔をしたこともない。

街に出て日本人に俺はフジタの家にしょっちゅう行っているとも言わない。

私はどちらかといえば、もともとおしゃべりのほうかもしれないが、藤田先生は私だけの偉い人でいてほしいと考えていたせいもある。時々君代夫人が先生に、

「そんな話していいいんですか⁉」

などと、口をはさむこともあった。ずっとあとで気がついたことだが先生はこの男はそばにおいても周りに喋り歩く心配がない？　と思われたのかもしれないと、感じたことがあった。

毎年パリ市主催の展覧会「パリの画家たちの証人展」のテーマは次の年「スポーツ」であった。先生は「誰と闘いますか？」（パリ近代美術館所蔵）に取り組まれていた。どこか縁日の見世物小屋の前のレスラーや重量挙げの格闘家たちの中に柔術家がいる風景である。そんな時先生は、一度柔道着を着てみてくれないかね、と言われたのでモデルになった。

パリ柔道クラブの藤田嗣治と石黒敬七（石黒敬章蔵）

「……昔の柔道着はテッポー袖で、ズボンも車夫のパッチのようだったが……」

と言われ、

「姿三四郎の時代だからね……」

と呟きながら、柔道着をきて黒帯を締めた私の左中袖を先生は右手の小指から力を込めてグイッと握り、左手で私の奥襟をつかんだ時の感触はただものでなかった。

先生の柔道は本ものだと感じた……。パリのにわか柔道家なんかじゃない！

「むかしの柔道着に比べて、生地が厚くなったようだネ」

と、言われた。その時の記憶が今でも鮮明に残っている。

完成した絵は、テッポー袖の柔道家では

パリ訪問中の横綱栃木山と腕相撲の石黒敬七（石黒敬章蔵）
うしろに藤田嗣治

なかったのと、面相は違うが、モデルは間違いなくこの私である。

藤田先生はこんなこともよく言われた。

「少しぐらい言葉が通じる、何回海外旅行をした、外国通だ、というのが大勢いるが、そんなのを自慢したり、ありがたがるようじゃだめだね。まず日本の歴史や文化を知ることだよ。」

と、何遍もそのことを聞かされた。

後年、北方文化博物館の伊藤文吉さんの持論もまさしくそれであった。彼とは会うたびごとにウィスキーを傾けながら、

「最近グローバル人間だとか、国際人だとか妙な言い方がある。日本の文化もわからない、漢詩も読めない、カタカナ文字だけをありがたがって国際人を気取っているのがいるが、英語かフランス語が通じるからと云ってそれを国際人とは云わない。日本の文化を彼らに真面目に語ってこそ国際人なのだ！」

と二人で語り合ったものだ。私にとって二人とも年齢、経歴、育ちは違うが共通したものを持っていた、本物の日本人の男だと思っている。文吉さんの懐かしい髭面と共に思い出されるが、つい先年亡くなられた。

藤田嗣治も八代目伊藤文吉も共に正真正銘日本を代表するＡクラス国際人である。

文武両道の達人—石黒敬七

世の中を　見てみぬふりの黒メガネ
腕はかくせど　やわら八段

これは川路柳紅（一八八八～一九五九）の戯れうたである。川路は幕末の激動の中で外国奉行や勘定奉行などを勤めた英傑川路聖謨の孫。東京美術学校（東京芸大）の日本画科を出てパリ遊学、東洋美術史を専攻して評論はフランスでも高く評価されたと共に、口語自由詩の先駆として日本芸術院賞等を受賞。

石黒敬七は新潟柏崎の生まれ、早稲田柔道の黄金時代ともいうべき頃には、鷹崎正見三段（嘉納治五郎の女婿、のち九段）などと講道館で鳴らした。同じ新潟県人として中野正三四段（慶應義塾師範、没後十段）は石黒が柏崎中学の頃風車のように左右の内股で投げとばされたと回顧録で書いている。中野は新潟市本町七、中野秤屋（度量衡器具商）が実家である。

戦時中私が中学に入学し柔道部に入ったというので、父がちょうど新潟に来ておられた石黒さんに挨拶せよとお会いして、『柔道教本』にサインをしていただいた。

次第に物資食糧も不足してきた頃で、古町の精肉店のすき焼き割烹「坪田」だったと記憶する。外国で長く暮らしてきた人で偉い人だということだけはわかったが、私はあとはふだん食べられないすき焼きをただガツガツと食べていた。

それと父があとで、

「あの人は普通のただのそこらの柔道家じゃない。一流の芸術家だ。嫁は六角紫水の娘だというじゃないか――」

というので、名前がロッカクと変わっていて珍しいので、妙にそれから何も知らない田舎中学生の記憶にも残って覚えていた。

六角紫水（一八六七～一九五〇、広島師範卒後上京して東京美術学校の漆工科一期生、

三菱電機広報誌のインタビュー後、石黒敬七と筆者（筆者蔵）

岡倉天心と共に日本美術院を創立。横山大観らと共に渡米、ボストン美術館、メトロポリタン美術館の東洋美術品の整理監修に従事した。帰国後は芸大教授で後進の指導の傍ら、正倉院宝物や楽浪漆器など古典技法の研究と応用作品を発表。大正十四年（一九二五）パリ万博受賞。帝展審査員無鑑査。昭和五年（一九三〇）帝展美術院賞等日本の漆工芸界に大きな功績を残した。その令嬢と石黒敬七との婚約仲人は他ならぬ嘉納治五郎である。

こうして人の縁とは不思議なもので昭和二十九年（一九五四）私はフランス行きが決まったので、もともと柔道を始めた頃に出会ったのは石黒さんなのだから報告方々荻窪の自宅に初めてあいさつに伺った。

このとき石黒さんはこう云われた。

「今アメリカには誰でも行く。フランスは近代世界史の始まりだよ。パリは世界の中心だ。戦争ですっかり荒廃したはずだが、しっかり見て勉強してくることだ―」

藤田嗣治先生を紹介してあげるとそういいながら、そばにあった二の腕ほどのこけし人形をとって、それに墨痕鮮やかに、「藤田大兄　福田君をよろしく　敬七」と書いていただいた。

「これを持って行きなさい。何でも相談して教えてもらいなさい」

そのおかげで当時日本人は嫌いだ、出入りさせないなどと妙な噂もあったパリ、モンパルナスの藤田先生のお宅に気兼ねなく自由気ままに伺うようになった。


大正十四年（一九二五）日本郵船箱崎丸で渡仏した石黒敬七は船中で知り合った岡鹿之助を始め、パリ到着後は海老原喜之助、藤田嗣治、高野三三男、伊原宇三郎、中野和高などの画家と親しくなり、石黒が初志念願の柔道場を開くようになった。松尾邦之助（読売新聞）や向井潤吉などがフランス語「ジュードークラブ」の広告文を書いてくれるなど、パリの日本人会の相互の消息を交換するつきあいも活発になり『巴里週報』を刊行するようになる。在留邦人間の消息やパリ案内等の情報広告を取り扱っていて一時は発行部数も千部を数え、三百名くらいの定期購読者がいたらしい。画家と称する有名無名の絵描きが最盛期には百名以上もいた頃である。文字通り花のパリはヨーロッパの中心であり、世界のパリの時代であった。

石黒敬七は常に藤田嗣治と共に何をやるにもパリの日本人の中心人物であった。私がたびたび藤田から聞いた話では、

「石黒君は新潟訛りの越後弁で話すからなかなかフランス語が通じないときがあった。しかし、彼の独特の覚え方で例えば〝ケスクセ?〟(これは何?)は『ケツ臭せえ!』、〝バン、ショー〟(お風呂熱い!)『今晩しよう⁉』とか、メトロの駅名〝ダンフェルトロシュロー〟(DENFERT ROCHEREAU)は『段平と呂昇』とか即座に考えついて覚えるのでみんなを笑わせていた。また鰻は〝アンギーユ(anguille)〟というが、市場の魚屋で『ウナギーユ!』と指さして買ってくるんだよ」

と、笑っていた。

また画家たちのあこがれの的、またその登竜門ともいわれたサロンドートンヌに出品して二点とも入選したのである。

有名無名の日本人画家は当時百人以上はパリにいた。その誰もが挑戦してみるが、入選者は限られているし、日本に帰ればみんなそのあと大画伯、画壇の大御所といわれている人ばかりである。

当時の新聞では、藤田が加筆したに違いないと噂が立ったそうだが、

「入選したのは誰の真似もしてないところがよかった。頭の中にあることを純粋に描いた絵だから尊いのだ。君はもうあまり絵を描くな!! 描くと上手になる? 上手になるともうサロンに通らなくなるよ。勉強もしないで偉い絵描きになろうたって駄目さ。本当だよ」

と言って藤田は忠告してくれたと、長男の石黒敬章氏の追憶にも出ている。

私は藤田からその辺のいきさつは直接聞いたことはなかったが、いつも折にふれては石黒さんの話は出た。

昭和四年、岡本太郎は父一平と母かの子と共に渡仏した。慶應の普通部生であったが、

パリ柔道クラブの石黒敬七（前列右から二人目）と岡本太郎（前列左はじ）
（石黒敬章蔵）

かなり熱心に柔道場に通っていたらしい。

また他の石黒敬章さん所蔵の日本人会の記念写真を見ていると、日本舞踊の昭和三年、藤蔭静枝が写っているのを発見した。藤蔭（内田八重）は新潟古町に生まれる。永井荷風と離別してその思い出の地パリを訪ねたに違いない。蛇足ながら血縁の不思議については先年、小文にまとめたものがあるので別項目に掲げておく。

加えて先日石黒敬章さんから、古い藤田先生の手紙が出てきたと云う。消印は一九五四年八月十四日パリとあって、中

パリ日本人会の記念写真、右うしろに来仏中の藤蔭静枝が見える
（石黒敬章蔵）

にF君とあるのはあなたでしょう？　と言われた。

「東京の敬七だんな　　巴里　　嗣治

えらい御無沙汰していますが、だんなの御噂やお姿は新聞雑誌に絶えまなく続出して、やれミキサーの宣伝に使われたり、いやはや御多忙御名声天下にあまねく〝とんち教室〟のなくてはならぬ大博士さまとて、ホクホクの御人相御長命疑いなし。お尻の押し合いの写真もまた傑作の一つとして拝見。面白くおかしく世の中も渡れるものと、只々感激しております。

さて先日日本より御来巴のF君におことづけのお茶と、人形の首、数々御恵与下され感謝いたします。

同時に御書簡中の珍写真、だんな御乗馬の苦心談ヘイお粗末様、誠に愉快でした。（中略） 僕も元気で居ります。左様なら」

そして当時の沢山のパリ日本人会の集合写真などを見ると、愉しそうな二人がどれにもある時はおどけて、和気あいあいと写っている。文字通り、よき時代の花のパリであったと懐かしく想像をするのである。

パリの日本人会―藤蔭静枝のこと

茶褐色に変色なせし新潮文庫永井荷風『ふらんす物語』は昭和二十六年七月五日発行、昭和二十八年五月二十日四刷にて定価一一〇円と記しあり。これは余が昭和二十九年六月一日神戸より出航せる日本郵船秋田丸にて仏蘭西に渡航するに際し携行したる愛蔵の書ならずや。

憶えば巴里カルチェラタンよりわが青春は始まり、茲に五十有余年が経過し行く雲流れる水の如く往時まさに茫々、今昔の感あり。嗚呼、永井荷風先生よ、先生は余に文学に関する眼を開かしめ、実に数多くの藝術の深淵なるを教え給ひしなり。

百年を超す時世を偲び憶いを荷風を真似て綴ればこうなるか。なに故に私がかくも荷風をこれ程に敬慕するのかは、どうやら祖先からの遺伝子つまり血縁の不思議かもしれな

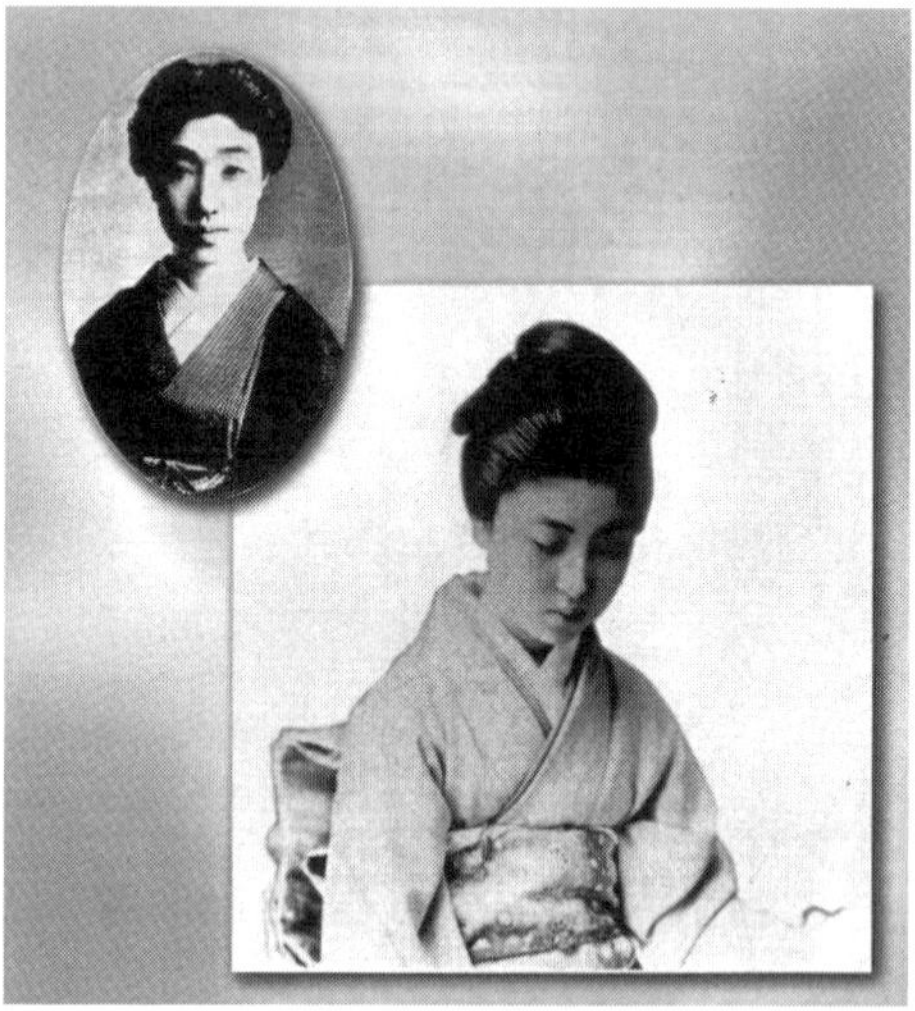

若き日の藤蔭静枝（筆者蔵）

い。

荷風はフランスより帰国すると折しも慶應義塾大学文学科刷新の動きがあって森鷗外、上田敏の推挙により教授として迎えられ「三田文学」を創刊主宰する。一方私は子供の頃から聞き馴れていた日本舞踊の名手藤蔭静枝という人の名を覚えている。日本画にあるような凄い美人で写真を見て知っていた。藤蔭静枝は本名内田八重といい、私の母方の斎藤家に入籍した祖父熊太郎の妹で、新潟市古町の料理屋「翁鮨」内田忠八の二女である。八重は母にとっては大叔母ということになる。八重は幼い頃から頭がよく、新潟美人の名に恥じず器量が良い上に、五歳の時から踊りと三味線を習い、のち上京して新橋本巴家から八重次となってひだり褄をとった。踊りは当代随一の藤間勘右衛門について、めきめきと上達したのに加えて和歌は佐々木信綱門下となって、新橋を代表する文学芸者ともてはやされた。小山内薫、吉井勇等、文人墨客大名題の歌舞伎役者たちが贔屓にしたと云う。吉井勇の

雪降らば　いかむと君に　誓いたる
その新潟に　雪ふるといふ

とあるのは、八重次と席を同じくして居た時、詠んだものであろうか。

パリ帰りのイケメン青年荷風は同じ交友人脈の中にいたので八重次と知り合い、熱烈な恋仲となるには時間がかからなかった。―骨がなかったら、ひとつからだになってしまいたい―　とまで言わせたうらやましいカップルが誕生したのも道理である。

永井家の格式に見合うように仮親を頼み市川左団次の媒酌で大正三年結婚する。荷風三十五歳。しかし自由奔放我儘な荷風はまたぞろ放蕩の虫が騒ぎ出した。荷風夫人の座に収まった八重は襷掛けで原稿用紙を刷り、硯の墨を洗い、蒔絵の金銀をふき清める、盆栽に水をやるなどと立ち働く姿に荷風の母の印象は極めて良かったそうだが、こともあろう

にどこぞの女が脅しに来るとなっては我慢も限界にきて破局する。八重は、―あなた様は、まるで私を二束三文にふみくだし、どこかのかぼちゃ娘か大根女のように扱う。女房をどれいと思うのも世のつねの夫婦ならいざ知らず、何でこの私が。長居はお邪魔―と認めて家出し、離別する。しかしそんなことはどこ吹く風と「……文芸の道、色道に異なるなし。女をくどくやまづ小当たりに当たってみて駄目らしければ様子を窺うの気合い、おのれを知るものなり」などとけろりとしたものである。

それからの荷風は大正五年慶應義塾を辞職し、その頃から『断腸亭日乗』の執筆を始め、数々の傑作名作を世に問うのである。昭和二十七年文化勲章の栄に浴した。三十四年三月一日浅草で昼食中発病し急いで帰宅したが以後体調がすぐれず、二十九日市川市八幡町の自宅近くのうなぎ屋「大黒屋」（現存）で食事をしたのが最後の外出となり、三十日朝、通いの手伝い婦によって遺体が発見された。胃潰瘍の吐血による心臓発作であった。享年七十九歳。その日私はパリに居た。

荷風と別れてからの静枝は藤蔭会を創立し童謡民謡の振付をするなどして昭和の新舞踊

の先駆となった。特に中山晋平、野口雨情と組んで創作舞踊をはじめて当時の国民文芸大賞の栄誉に輝いた。しかし、これに反感をもった家元は藤間の名を返上せよと強談判があって揉めた。戦後昭和三十五年紫綬褒章、三十九年文化功労者に選ばれた。晩年静枝は静樹と名乗っていたが、四十一年一月十四日愛弟子たちに囲まれて、炎のように燃え続けた女は八十五歳の波乱の全生涯を閉じたという。

この小文は今年生きて居れば百歳となる亡母に万感を込めて捧ぐ。

（平成十六年七月十一日亡母命日記）

シャトレー劇場「ボレロ」の衝撃

昭和二十九年（一九五四）六月一日は、嘉永六年（一八五三）浦賀に来航した米国ペリーが再び、和親条約締結のため来日（安政元年・一八五四）してからちょうど百年になる。

この日、神戸を出帆した日本郵船の貨客船「秋田丸」は十名ほどの乗客があり、アメリカ人二名と他にイタリア人一人と、日本のご婦人二名であった。一人は共同通信ロンドン支局長の夫人で、もう一人はミナカタさんと言った。共同通信がどんな仕事をしているのかも知らず、船長等と会食のときの懇談で、南方熊楠の名前が出ても何の感興もわくこともない、文芸はもとより世間のことも何も知らない、取柄といえば柔道が少しはできる無知な青年であった。

秋田丸はまず台湾の基隆に入港した。港の倉庫の壁にでかでかと「大陸反攻」とあり、

若き日の及川廣信（筆者蔵）

いまだ蒋介石存命の時代であった。次いで香港、そしてシンガポールで私は二十三歳の誕生日を迎えた。インド洋の赤道を横切り、アデンを経て紅海に入ってスエズ運河を通過した。デッキに出て運河でただ茫然と、半裸体で働く現地人を眺めていると、隣りにいつの間にか船長の原田七郎さんが立っていて、独り言のようにつぶやいた。「福田君、よく見ておくといい。これがフランス人が造ったスエズ運河だ！　西洋人はここを通るとみんな紳士の仮面を脱ぎ捨てて、アジアの人々を搾取してきた……」

船長の左頬には大きな星形の傷があった。それは戦争中、銃弾の破片でえぐられたのだと言う。

スエズでは別料金を支払えばエジプトのピラミッド観光ができると云われたが、お金がないので、行かなかった。

当時もう一人、私より少し年長だった男性、及川廣信さんが居て、親しくなった。彼も同様の理由でピラミッドには行っていない。

彼は学習院、順天堂医大中退で演劇舞踊に魅せられ、パリに勉強に行くのだと云う。私とは正反対の経歴が示すように、生活環境と目標、志向が異なるが、南部武士の後裔の端正なる貴公子である。彼もそんな余裕があるはずもなかったのだろう。後日、「無理をしても行っておけばよかったね」と、お互い嘆息したことがある。敗戦後から十年もたっていない一般の日本の青年は、そんなに貧しかった一例である。

彼とはパリではときどき会っていた。あるときしげしげと私の顔を見ながらこう言った。「朝から晩まで柔道、柔道とよくやってられるもんだねえ。お互い好きこそもののなんとやらだから、他人がとやかくいうことじゃないがね！」

最初の一年目は、彼の言うように、昼からは個人指導というレッスンをやり、稼がなければならないのと、毎日原則として川石造酒之助道場で稽古。水、土曜は、全仏各地から集まる有段者稽古日（黒帯会〝コレッジュ　サンチュール　ノワール〟）があって、これに出ているると、全仏更には欧州各地からの講習会出張の口がかかり、なにがしかの稼ぎになるので頑張った。この頃の写真を見ると髭づらで手首、足首に包帯姿が痛々しい。

道場の着替え室で、モンマルトル育ちのベルナール・パリゼ（四段、一九六一年世界選手権東京にも出場）が呟いた言葉がある。

「……俺たち、まるでピガールのピュタン（putain 隠語で売春婦）と一緒だ……一日に何度でも着物を脱ぐ……」

そんな冗談が通ずるようになって、大笑いする位にフランス語がわかるようになった頃である。

及川さんがこんなことも言った。

「君はフランス人に柔道を教える立場だからわからないだろうけれど、近代日本はフランスからいろんなことを学んできたんだよ。自由、平等。産業に技術。そして美術。音楽。演劇。みんなそうだ」

「今でもパリは世界に一人という演奏家、舞踏家、アーティストなどがいる。集まってくる。東京では絶対に聴けない、絶対に観られない人たちが、いつでもゴロゴロしている。死ぬまで一度でいいからパリに行きたい！

と、芸術家や音楽家が日本ならず、世界には山ほどいる」と言う。

「それを知らない？　聴きにも行かない？　見ようともしない？　もったいない話だよ。パリだから聴ける、パリにしかないものを知らないなんて……。バチが当たるよ‼」

さらに彼が言うには、

「わずかな料金で二百年、三百年と歴史のある劇場建物の中に入れるのだよ、それだけでも価値がある」

と言う。

「嫌だったら出てきたらいい、わからなかったら帰ってきたらいい」

とも言った。

私は、

「それはいくらするのか」

と聞いた。

アンフィテアトル（立見席）といって八十フラン（当時1ドルが三百六十円、三百五十フラン）で、大衆タバコの〝ゴロワーズ〟の一箱分だった。

「そこが文化大国フランスといわれる由縁だよ！」

と言う。

「うん⁉　それなら一度行ってみるか⁉」

そこで　柔道ゴンスケ‼　は考えた！

昔、東京では歌舞伎座、明治座などの立見、上野の鈴本、末広、浪曲の定席などに通ったことを思い出し、浅草のフランス座やロック座も思い出した。

また子供の頃、母の弾く三味線の音締めの音は、耳の底に残っている。いまでも長唄の一節を聴くと、続いて次の詞が自然と浮かんでくる。新内、清元、そして浪曲の虎造、勝太郎、米若のレコードも家にたくさんあった。母の弟たちでバイオリンを弾くのやら、大きなアコーデオンをかついできて弾いてくれる若い叔父貴たちがいた。まだガキの時分だったから西洋音楽はあまりなじみもなく、ただ明けても暮れても柔道々々だけ、……ベートーヴェン、ショパンも名前だけしか知らなかった。

「わかった！　一度連れて行って欲しい……」

と彼に頼んだ。

次の週、それはシャトレー劇場。演奏はケルン交響楽団（コンセール・コローニュ）、曲目はモーリス・ラベルの「ボレロ」だった。

シャトレー劇場の立見席から見下ろすと、開演前の喧騒がいつの間にか静まり返り、一礼して指揮者が現われ、その手が少しずつ動き出した。かすかな響き。なんだこれは？　聴きとれないほどの音が続き、それが次第に大きく響き渡り、異様な興奮と感動で満場の聴衆は陶酔したように吸い込まれていく。仕掛け花火の連続打ちのごとく、それからはまるで戦闘のような旋律が続いて、終りはドラムの爆発音が鳴り渡り，ピタリと終わった──。

電気に撃たれるというか、全身の血が騒ぐというか、これまで私の感じなかった異様な刺激が後頭部、背中をかすめた──。

これが西洋の音楽か！　やられた！　とも思った。

「魂消た！」とはこのことか。

そして後日、これが冷静に日本とフランスを比較したり、文芸や歴史を探求する心がわずかではあるが、私に芽生える始まりとなったと思っている。

楽団員それぞれが異なる楽器を演奏するのが、まるで武芸者の居合抜きの剣さばきにも似て静から動、動から静、呼吸を整えて指揮者を注視して動く。それは作法である。これは柔道でも投之型、古式之型の仕掛ける前の手足の運び、霊妙な呼吸のリズム感に共通するものか、と思った。

後日、何人かのフランス人からお互いの永い伝統文化に共通の精神、心があると指摘されたことがあるが、この日以来、私のパリの大小の劇場巡りが始まった。

そして、柔道場では得られなかった新しい友だち、違うタイプの多勢の男のまたは女のフランス人たちと知り合い、出会うことができたのは、大きな収穫であった。

連日の柔道稽古から足を洗って、商社マン一年生としての勤めが始まってからも、事務所がオペラ座の裏手であったために、どこへ行くにも便利だった。柔道は週に一、二度自分のために稽古をする程度だった。

暇を見つけては劇場廻り、音楽会探しをして愉しかった。会社関係の日本人来訪者の中では、一流のフランス通も多く、仕事先の訪問をすませると、待っていましたとばかり、喜んで劇場や独特の玄人好みの小さなホールに同行してくれる人が多勢いた。

筆者自画像

その頃日本では話題にもしていなかったポルトガル酒場「ファド」の店を発見して通ったこともあった。言葉はわからないが、まるでこれは日本の清元、新内に共通する語り芸とそっくりの究極の情歌だと感じたりした。

オランピア劇場も近いので、ピアフ、イブ・モンタン、ベコーなど観た。モンパルナスのボビノも行った。フォリベルジェールは、支配人と知り合い、いろいろ便宜を図ってくれた。会社の裏はアテネ広場といって、劇場があった。四、五年前近くに行ってみたら、「ルイ・ジューベ記念劇場」と名前が変わっていた。ジルベール・ベコーは私の長年の友達の娘が長男と結婚し

熱演中の及川廣信（筆者蔵）

ており、自宅にも招かれたり、彼が亡くなる少し前、日本公演には親しく東京で懇談した。

当時は会社の窓から見ると、イタリア人らしい若手のテノール歌手が、美声をあげて歌いに来ることがあった。会社は五階だったので、紙にくるんで投げ銭をベランダから落とすと、会社の先輩のマダムから「お前はあげすぎよ……」と注意された。男は笑顔で手を振っているのどかなパリの光景が思い出される。これは今もやっているのだろうか？

こんな体験はみんな及川廣信さんのひとことから始まったといっても過言ではな

い。感謝している。

ただあまりにも生きる世界がお互いに違いすぎたためか何十年か疎遠であったが、先年、後輩の友人の紹介で、元小牧バレエ舞踊団のプリマドンナの老嬢と知り合い、彼の消息が分かり再会した。九十三歳、矍鑠としている姿、鮮明な記憶に、新たな感動を覚えた。

彼は今日まで舞踊演劇界の第一人者で、日本のパントマイムの草分け。藤原オペラ研究所講師。仏独からの招聘のほか、「シュー・ウエムラ」のアート・ディレクター等をプロデュースしたという、およそ私にとっては異色の大事な友人の一人である。

夭折した天才前衛芸術家イブ・クラインの追憶

こうして柔道交遊録を書き始めたある日、一通の封書が転送されてきた。宛先が新潟の住所になっていたので、最初の発信から廻りまわって一か月もたっていた。

差出人は三田体育会副会長の柔道部の後輩T君からのもので、開けてみると、初めはパリから届いた丁寧で正確な日本語のメールで、最初は慶應義塾塾監局の広報室に届いたもので、フランスのジャーナリスト、女性作家からである。

よく読んでみると、旧知のフランス人、イブ・クライン（一九二八〜一九六二）に関するものであった。その人は、パリ・ソルボンヌ大学で日本近代文学を専攻し、日本政府奨学金で日本にも数年間滞在したという。フランスで近年とみにモダンアートの研究とその再評価がされてきている。イブ・クラインについて『イブ・クラインの飛行、その伝説の起源』―L' Envol d'Yres Klein L'origine d'une légende―（二〇〇六年）を書いたが、彼の記録の中に、たびたび出てくるあなたの名前、Keio judo clubとあるので、問い合わせたものである。パリのイブ・クライン財団からこのたび第二弾として『日本におけるイブ・クライン』（仮題）という本を二〇一八年末までに刊行するので、知っていることがあったら、教えてほしいという内容であった。

イブ・クラインは一九五三年来日、一九六二年パリで逝去。三十四歳。既にフランスで柔道三段であったが、講道館では、月並み試合の勝負結果は、昇段に多大な評価となる。四段になるためには現職の警察機動隊他、刑務官の特練組が大学生等としのぎを削って闘う。彼はそれに勝ち抜いて、私より一年遅れぐらいで四段となった。

外国人では英国グリンソン、身体が固くて怪力であったが、少々吃音者であったために寡黙で、いかにも人が良さそうな男、それにひきかえ、世界を股にかけ、怖いものなしのジョンブル商売人（?）をきどる大男パーマーがいたが、この二人の英人はいずれも特色のある柔道ではなかった。パーマーは一九六五年の国際柔連総会において、嘉納履正氏に次いで国際柔連会長に選出された。

講道館の先輩たちの話では、戦前の英国のレゲット氏（ＢＢＣ放送日本部長、のち六段）は、当時の学生四、五段級の有名選手と互角に稽古したという話は伝説として聞いていたが、戦後もたびたび来日していて、何度もお会いした。

そしてフランスのイブ・クライン、画家という触れ込みだったが、イケメンでいかにもおしゃれなフランス人であった。どことなく雰囲気が違っている、それをみんなは、アイツは「変わり者」と言っているのを聞いたことがあった。絵描きらしい？ とみんなそれを知っていた。ニース生まれで「メディタラネアン（地中海気質、陽気ないい男）」というのだろう。この三人の中で一番筋がいい柔道だと、私は見ていた。英国人の二人と比べても、どこか国柄、民族の違いとはこんなものかとただ漠然と、世界のことなど何も知らないその頃の私は考えていた。

講道館の大道場である日、笑顔で近づいてきたイブ・クラインが、いきなり私に

「お前のトモエナゲ教えろ！」

と言う。

身長、体重共に私よりひと回り大きく年齢は三歳年長である。彼は片言の日本語と私も

フランス語はもちろんゼロで、英語も片言で応援したことを覚えている。

その頃、私は巴投げに興味をもって、そのコツが少しわかりかけてきた頃である。清水正一流直伝の「トモエ」に少し眼が開いて、寝技に誘い込まれても対応する自信が出てきた頃であったから、イブ・クラインをつかまえて、こう言った。

「巴投は足で蹴飛ばすのではない！　足はただ相手の体を支えるだけだ！　むしろ手技だ……手首の使い方だ！」

彼は怪訝な顔で聴いている。

「捨身技」というが、足の役目はただ相手の体を支えるだけ、投げる方向を決める役目だ……。まず崩しは、それは両手の肘を外側に少し張りながら、「八」の字を描くように、相手を前へ、下方向へ崩す。その瞬間中に飛び込むがその時相手の体の対応、反撥の強弱によって、手首を働かせて、次に自分の顔、頭の方向、どこに投げるかを決めて手を操作する！　あやつるのだ。

ただし、一瞬支える足と呼応させて、斜めに落とすか、真横に拍子を変えてひねり落とすかである。大身の相手なら顔の真上を自分の体重と自分の力と勢いで、ひとりで飛んで行く!!　それを手首で操縦するのだ！　何度も実際に飛んで見せたり、掛けさせたりして

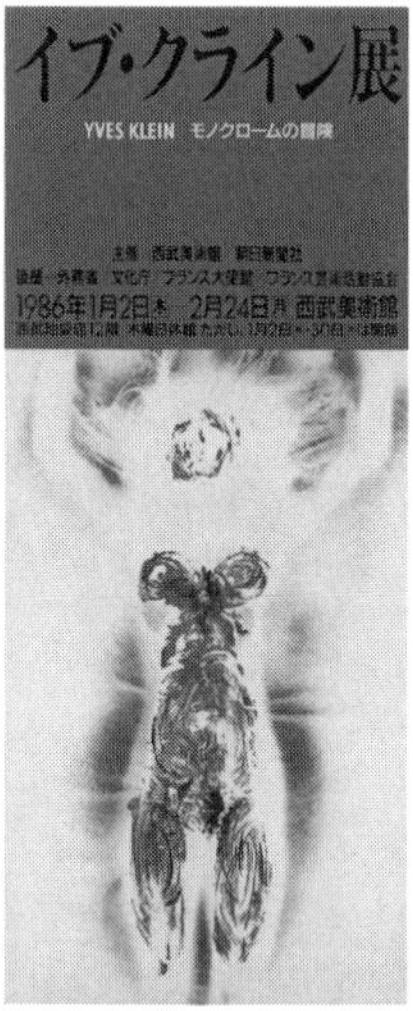

1986年西武美術館開催の
イブ・クライン展入場券（筆者蔵）

フランススポーツ誌に登場した
イブ・クライン（筆者蔵）

手首のひねりを教えた。そして彼は真剣な顔つきで言った。

「トモエは足で蹴ばすのではないのか？ はじめてわかった――」

そしてそのとき満足したように叫んだ。

「ジュードーはウツクシイ！ 人が飛ぶ！ トモエ、キレイ!!」

その後一九五四年私がフランスに行ってから、すでにパリに帰っていたイブ・クラインとは何度か会っただろうか。私もフランス語がまだうまく話せない頃だったので、深い交流はなかったが、日仏の柔道仲間からは、「変わり者」（garson excentrique）と言われながらも、どこかにお互いにわれわれだけは何か共通するも

亡くなる直前のイブ・クライン（筆者蔵）

のがあったような気分で、彼の作品発表や前衛美術のパフォーマンスの雑誌新聞記事をなんとなく好意的な気持で見聞きしていた。

いま会ったら彼は、

「お前もオレと同じニオイがしていたから、覚えていたのだよ！」

と言うかもしれない。

私もまた、

「お前のアートの原点はひょっとしたらトモエ投げか……、人が飛ぶ。『柔道』ウックシイ！　と言ったことは、何十年たっても忘れていないよ！」

と言ってやりたい。ひとりのフランスの天才との邂逅とその追憶である。

テルヒ・ジュネブリェさんとの出会い

テルヒ・ジュネブリェ・タウスティさんとはそんな訳でメールの交換から始まった。イブ・クラインの写真などの提供をしてくれた。経歴から見るとソルボンヌ大学日本語学科を経た後、三年ばかり来日した経験を有する。父親はフィンランド国籍で母親はフランス女性でパリに在住すると言う。年齢的には電話などで話していると、私の娘よりもずっと若そうな年頃である。

フィンランドはもともとスウェーデン王国の一部だが、一九一七年（大正六）ロシアからの独立を宣言した時に、国際連盟事務次長であった新渡戸稲造による裁定によって独立を果たした。以来日本には非常な好感をもって今日に及んでいると言う。日本人ニトベの名前を知る者も多く、一九五一年（昭和二十六）首都ヘルシンキでオリンピックも開催した。

ジュネブリェさんの名前テルヒはフィンランド語で女神の名だと言う。ほとんど完璧な日本語の読み書きにびっくりしたと同時に「テルヒ＝照る日」とはフィンランドの民族叙事詩「カレバラ」に登場するそれは非常に古い名前だと言う。友人との間では「照日」と言う当て字を使っていますが、「いかがでしょうか」と言って来た。日本ではフィンランド大使館で文化担当の仕事を手伝っていたと言う。

私は早速「あなたはフィンランドのアマテラスだよ！」とほめてあげたところ、更に驚いたことに、今回の出版についてイブ・クラインの写真などを送って貰ったあとに、「これはフクダさんの写真でしょうか？」と、六十三年前の一九五五年二月号フランス体育協会発行の雑誌の中に掲載されている私の写真、柔道『投技』の研究「巴投」について、を見つけて送ってくれたのには更に驚いた。

今回私の本を刊行する出版社より、フランス関連の内容が予想より多くなるので、いっそタイトルに恰好つけて？　フランス語も付けたらどうかとの提案があった。そこで、私は彼女に気安くそのことを申し出ると、早速以下の如きフランス語の題名を送ってくれたのである。

テルヒ・ジュネブリエ著『イブ・クラインの飛行』（筆者蔵）

《Souvenirs a batons rompus sur ma vie et le judo
— La France et les Jeux Olympiques —》

これは正直言って、とても私のフランス語力では考え及ばない表現であり、何ともしゃれた言い方かと嬉しくなった。

「a batons rompus」とは「つれづれなる語り」とか「炉辺談話」と言うような、如何にも風流な言いまわしで「よもやま、出まかせ想い出ばなし」と言った感じである。恐らく大学の仏文の先生でさえ唸らせるのではないか？　種明かしは実はそんなカンニング！　をしたのである。

彼女はフランスで刊行する二冊目となる

イブ・クライン伝記は、主として日本で過ごした一年半を取りまとめて書いたものらしいが、本年末パリで刊行すると言う。日本でも芸術・美術界で多くのイブ・クラインファンがいるが、最近のパリでの再評価に呼応して動き出している様である。

因みに、前述の及川廣信さんは古くからのイブ・クラインのファンの一人で、先日は中沢新一のイブ・クライン論、『野ウサギの走り』（中公文庫）を恵送してくれた。難しくて良くわからなかったが、想像していた以上にイブ・クラインは天才だったことだけは再認識した。

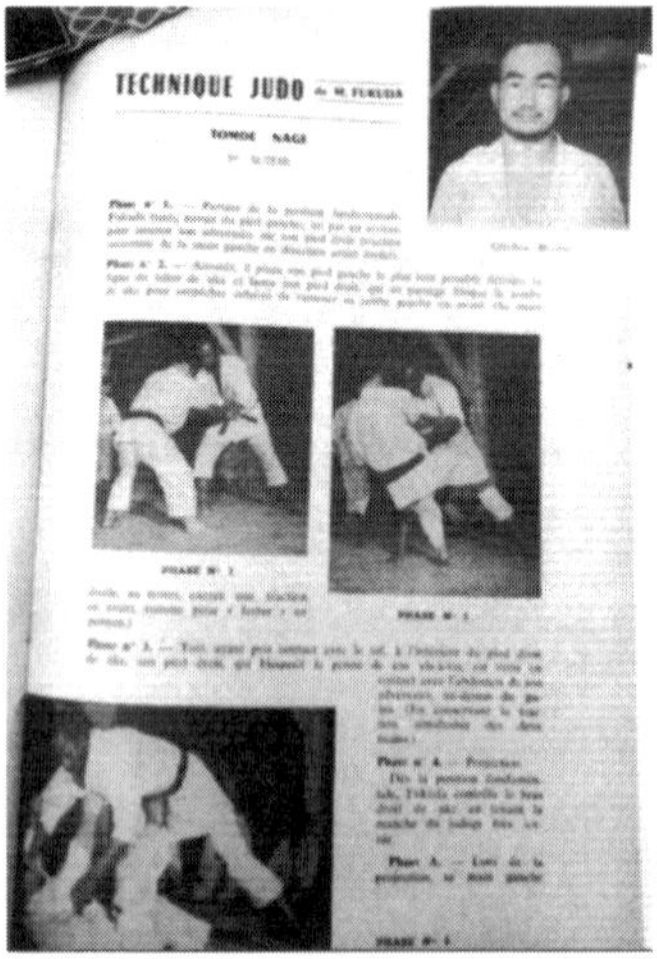

1955年フランス体育協会発行の「JUDO」2月号に載った巴枝の解説記事

「世の中には変わった人も居るもんだ」……フランス流とは

ひとはみんながみんな、オリンピックの選手になれるものではない。

人生にたとえて見ても、一センチ、一秒を争う瞬発力に素晴らしい能力を発揮する者がいる一方、長い歳月を積み重ねて黙々と生きる人も居ることが世の中を面白くしている。

此の年齢になるまで思ったような結果を出せなかった自分に対し、一概に能無しと決めつけられると少しばかりの文句も言いたくなる。

仏文学者の松原秀一さんとはパリでも日本に帰ってからも、医学者の土屋雅春さん（新潟佐渡生、三年年長、名著『医者の見た福沢諭吉』中公文庫、フランスレジオンドヌール勲章、消化器内科の権威）などと共に文字通りの異業種交遊で、よく信濃町のバアなどでも呑んだりして話し合って来た盟友であった。共に亡くなって久しい。

私の中途半端なフランス語でも、常識も学力もとても及びもつかないが、難しい話題に対してもいつも明快に解説してくれた。そして、先日来彼等の言っていた意味が漸く解明された思いにかられたことがひとつ思い出したのである。それは、

—「Il faut de tout pour faire un monde.」—

と言うフランス語についてであった。

それは、世の中には色んな人間が居るが、それを変人、変わり者—「Garson excentrique」と片付けないで、これを反対に、こころよく許容する時に使われる表現であると言う。

—この世界を造る為には何だって必要だ—

—世の中には変わり者も居るもんだ—

と言う意味である。

フランス人達は皆それぞれの個性を尊重して生きているのだと言う。それが彼の言うフランス流人生論である。

そして更に現代のフランスは決して教育の大衆化ではなくむしろ逆の方向性をもつのだとも言う。特に日本と違うのはエリート教育には伝統をかたくなに守っていると言う。彼はその頃の私のやり方、つまり世渡りの仕方？　を如何にも嬉しそうに何度でも話の訳き

役となってくれて面白がってくれた。いま無性にこの二人に会いたい気が湧いてくる。

いつの間にかフランス流変人の要素が私の身体の一部に沁み込んでいると見ていたのかと今頃気が付いた。

「夜郎自大」はその反対語で、フランス語の訳語では何と言ったらいいのか、すぐ私にはわからない。

贈九段　広川彰恩を偲ぶ

私は東京に居ることが多いものだから、彼にはそれ迄に一年余り会っていなかった。人づてに旧味方村の病院に入院したらしいと聞いたのでそこへ行って見ると、先日新潟市民病院に転院したと云う。翌日そこに行って見た。彼の従弟の故木村明が院長をしていたところで、個室に入っていた。

ひとり黙然と左腕に点滴の注射をして虚空をにらんでいる姿に、

「広川さん！　具合どうなんだネ！……」

と声を掛けて入って行くと、

「おお……マンちゃん……」

と驚いた様子で答えた。

言語は不明瞭であったが、右手を握ると、この腕がこの手が七十年前、ある時は鉄の様に、またある時は真綿の綱の様に感じられたのが、瞬間的に蘇って来た……。

「木村がいてくれたら良かったのにねえ……」

と言いながら、先ず無沙汰の言い訳をして、様子を窺うと、漸く昔のさまざまな想い出が走馬灯の様に廻り出して、ポツリポツリと語り合った。

すると彼の眼がいつの間にか潤んで来て、一筋の涙が浮かんでいる……。何か言いたそうだったが口には出ないのだ。彼の全盛時代、全日本の試合やその他でよく東京でも会った。

私は後輩と云うより仔分であった。二人しか知らないヒミツのことがいろいろとあった……。

「……また来ます。元気出して……」

と言って別れた。これ以上居たのでは二人の爺さんが涙ながらに手を握っている姿を、看護婦にでも見られたのでは如何にも気まりが悪い。

「じゃあ、またな……」

それから三日ほどして息子の和宏君（高念寺住職）から電話があり訃報を聞いた。

「父が亡くなりました。家族以外で最後に話が出来たのは福田さんでした。よほど因縁が深かったのだと思います……。」

あの頃京都、関西の柔道家の中で、名勝負、業師を語る時必ず広川彰恩の名前が出た。特に東洋レーヨン、天理大学等親しく付き合った後輩達は、みな異口同音に言うことには、その闘志を秘めた華麗にして多彩な技と品性豊たかな試合態度をみんなが覚えているのである。

平成二十五年八月二十四日　享年八十八歳。

ある挿話―明治四十年刊行『武徳誌』を発見

なぜ私が柔道部を選んだか、子供らしい挿話から始まるのでかさねて以下に言及したい。

それは中学入学と同時に、あの頃各部の勧誘が盛んで一年生の教室には上級生が廻って来ていた。

私は次に述べる因縁があったから、父は当然剣道部に入ると思って稽古着や道具を備えていてくれた。ところが小学校に二年先輩の今井兼智さんという人がいて、

「お前は柔道部に入れ。決まっている！」

と、言われた。

今井さんには恩義があった。以前小学校の夏季遠泳大会があって、遠泳といっても低学年は百メートルくらいを学校の裏の海岸で泳いだ。泳ぎの下手だった私は後半バテて脱落

しそうになったところを、傍について最後まで激励し完泳させてくれた。その人から言われたのでは断われない。

それで柔道部に決めた。

父も仕方ないという顔をしていたが、同じ武道ならよかろうと思ったのだろうか、それには次のような訳があって、私はその資料を国会図書館で入手した頃父はもう亡くなっていたのでそれだけが悔やまれるが、父の祖母福田千代は松尾勝昌との間にしげが出来てこれが父の母であり、四才の時に惜しまれながら三十才で急逝していると云う。

これまで二、三の遺品や書いたものは家には残っていたが、あとは幕末明治の動乱期の後だから、四散して口伝えにしか聞いていなかった。

知人の紹介でその辺の調べは国会図書館がよかろうと平成七年のある日、次々と閲覧した資料の中で、まったく僥倖ともいうべき左記の記事を、写真と共に発見したのである。


明治四十年九月二十五日発行、『武徳誌』第二編第九号（六十六、六十七頁）定価壱部拾五銭郵税壱銭五厘。

同誌は明治三十一年創刊、編集顧問嘉納治五郎（東京高師校長）、新渡戸稲造（一高校

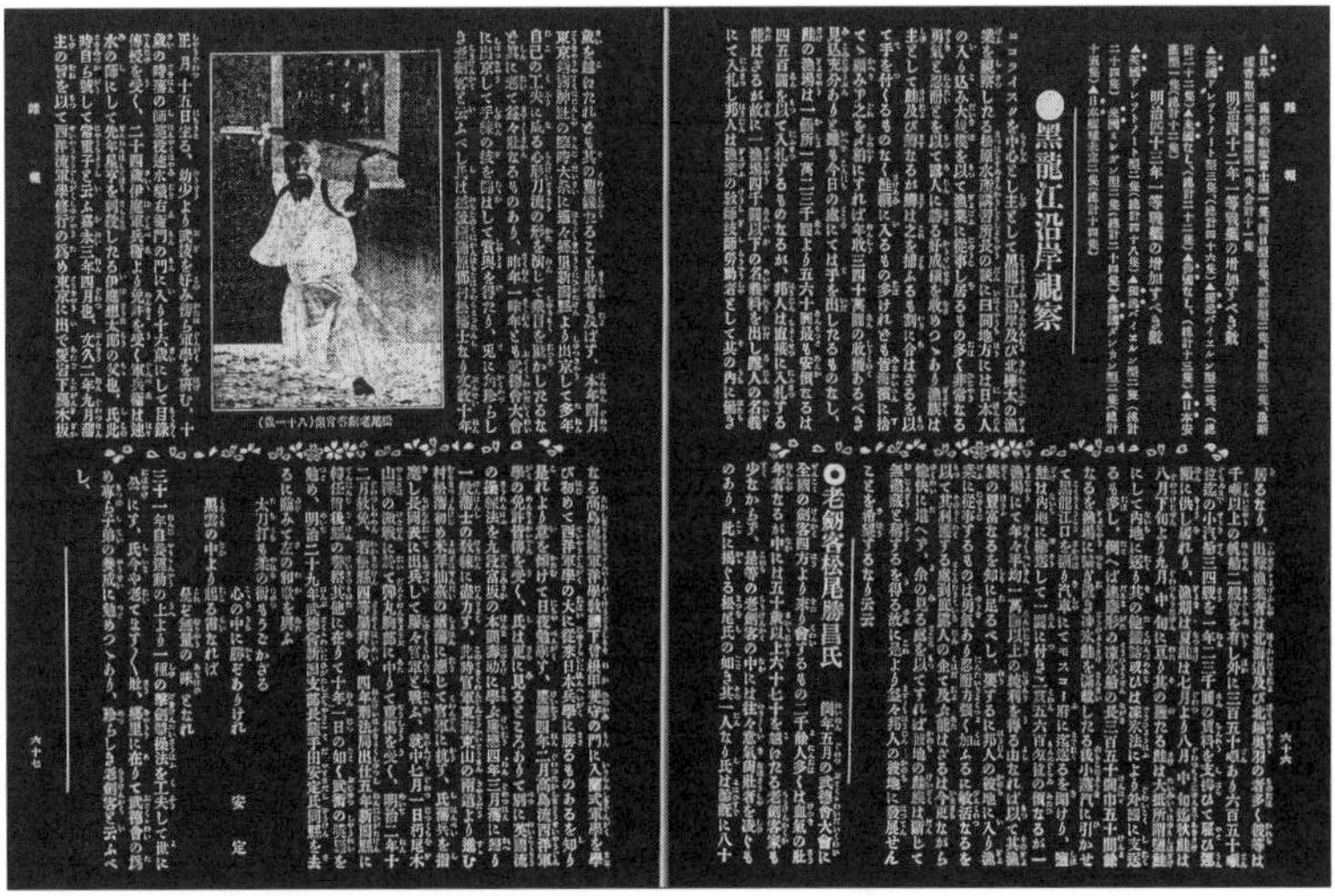
●黒龍江沿岸視察
◎老剣客松尾勝昌氏

『武徳誌』第二編第九号のマイクロフィルム（国会図書館蔵）

長）とあり、平成になっての復刻合本である。文学博士元良勇次郎「社会の秩序と武士道」、桜井忠温他、日露協議成立に関する論説、慶喜公遺聞、等。あとその英文の要約十数頁が添記されている。

《〇老剣客松尾勝昌氏

例年五月武徳大会には全国の剣客四方より来り会するもの二千余人。多くは血気の壮年者なるが、中には六十、七十を越えたる老剣客も少なからず。此に掲ぐる松尾氏の如き其一人なり。齢既に八十歳を越えたれども其の矍鑠たること壮者も及ばず、本年四月の靖国神社の大祭に遥々新潟県より出京して多年自己の工夫になる心形刀流の型を演じたるなり。

（中略）氏は越後国蒲原郡村松藩なり、文政十年正月十五日生、幼少より武技を好み傍ら軍学を研む、十歳にして師範役速水儀右エ門の門に入り十六歳にして目録伝授、二十四歳伊庭軍兵衛より免許、軍兵衛は速水の師にして先年星亨を刺殺したる伊庭想太郎の父也。（中略）文久二年西洋流軍学修業の為東京に出て、高嶋秋帆流陸軍洋学教頭下曽根甲斐守の門に入り慶應四年二月英国流操練法を九段富阪の本間寿助に学ぶ。慶應四年三月帰藩、教練に尽力す。（中略）

此時官軍東海東山の両道より進む、村松藩は米沢、仙台の諸藩に応じて官軍に抗す。就中七月一日杤尾木山沢の激戦に於て弾丸胸部にあたりて重症を受く。

明治二年十二月赦免。あと同四年刑法局出仕、翌年新潟県に転任その後警察其他に亙りて十年一日の如く武術の奨励に勉めた。明治二十九年武徳会新潟支部長籠手田安定氏同県を去るに臨みて左の和歌を与ふ。

大刀打ちも　柔の術もうごかざる

心の中に　勝ぞありけれ

三十一年滋養運動の上より一種の撃剣体操法を工夫して世に公にす。氏今や老いてます

ます壮、郷里にありて武徳会の為、専ら子弟の養成に勉めつつあり珍しき老客というべし。》

血縁の不思議、現代的言い方でいえば、己れの血統は受け継がれる。その不思議に改めて思い当たるのである。

V. 二〇二〇年東京オリンピック再び

戦後の全日本学生柔道選手権の回顧

昭和二十六年学校武道が復活。復活第三回として十月二十、二十一日、大阪難波球場特設試合場で全日本学生柔道連盟結成記念大会が挙行された。

このとき最右翼の優勝候補とされていたのが広川彰恩五段（新潟中、大谷大、新潟西蒲原味方高念寺住職、のち九段）であったが、準決勝まで勝ち上がったものの右肘を痛めて棄権し、結局五段金子泰興（明大）が、戦後初の学生王者となる。

広川彰恩は端麗な容姿で技の切れ味が鋭く、柔道界の麒麟児の名をほしいままにした闘志満々の技を持っていたので、今でも古い柔道識者の間では昔の話が出ると異口同音に業《わざ》師《し》の代名詞となって登場する。創立時の天理大柔道部は何年かその薫陶を受けたことがあり、天理の柔道を語れば必ず彼の名が出る。

広川彰恩について、もう少々ふれると、

「おまえの柔道はトリだ!!　まるで餌を探してコツコツ歩く鶏だ！　ケツを振って、第一品がねえ！……立ち技は見ていて美しくなきゃ柔道でない！　ゴンゾウのやるような下品な柔道はすんな!!……」

そうクソ味噌に言われた。

そこまで言わなくてもいいんじゃないかと、反抗もした。

「……お前のは肩で担ごう、かつごうとするからそうなる！　頭を前後に振るな!!　背負は手技だ！　まず手でつくるのだ！……そうすれば姿勢もよくなる……」

あとで考えてみるとみんな当たっている。


そうだ正しい姿勢の美しい柔道は長持ちする。広川さんの言っていたことは、品格を感じさせる美しい柔道を言うのがわかってきた。

慶應の清水正一師範からもおなじことを言われた。相手と接触しているのは手だ、手首だと。見て美しい柔道は無駄がない、無理のない動きから生まれるのだと繰り返し言われていた。

会社勤めの帰途、六時頃から三田の道場に立ち寄って稽古をお願いした。丸の内の会社から帰りの羽鳥輝久、水谷英男先輩たちは、年をとっても衰えを知らない技が出るのにはそのたび驚かされたものである。関西では学柔連会長山内旦先輩に部員の一人一人まで公私共にとりわけお世話になった。

外国人が増え、ルールも変わった今日の柔道に通じるかどうかはわからないが、広川彰恩が亡くなる一、二年前か、醍醐敏郎さん、大沢慶巳さんと東京で三人が何年ぶりかで集まったらしい。よほど嬉しかったらしく、繰り返し当時の話をしていた。

「戦後黄金時代のスター競演だね」

と言うと喜んで、

「お前だから言うけどなあ、柔道もいまの柔道家も変わったなア……」

などと話すこともあった。

今まさにそれを今度は私が思わずふと口にする立場になってしまった。淋しい限りである。

講道館の試合では、相手はみんな一、二才はおろか二、三才年長の者が多かった。男子二十才前後の一年差は大きい。それを口実にすると、羽鳥輝久さんなどから、みんなそうして来た。柔道をするのに専門もなにもない！　文句を言うな！　と注意された。

こうして昔の記録を見ていると際限がないが、全日本学生のあとの総評に次のような記述があった。

「……一部学校では優秀選手を中途入学させて実力を向上させて面白くないといった声もある。それは偏見であって昔通り専門家養成の学校が加盟してもなんらさしつかえないので努力と研究次第で対策はやってゆけるのである。相撲と違って柔道では素人と専門家がほぼ対等の実力をもっているところに面白い一面があるので、その素人の一翼を担う学生にも一層の努力を願う次第である……」

全学柔連理事長早川勝（六高、京大、三菱鉱業、日経連専務理事）の談話である。

木村政彦の後拓大で鳴らした平野時男から後年直接聞いた話である。おそらく終戦直後、彼が出る試合では無敵を誇っていた頃ではなかろうか、丸の内の三菱の道場に行ったときの話であると云う。中年の細身の男と稽古をしたが、寝技では手も足もでなかったと言っていた。それが早川勝である。平野時男はあと欧州に渡り、独特の言動で人々を驚かせ笑わせて人気があった。

昭和二十七年十一月八日、大阪球場特設試合場での全日本学生東西対抗では、東軍大将曽根康治（四段、明大、のち新日鉄、元全日本優勝者）、西軍（大将五段吉田満博、久留米医大）の陣容はいまだ整わず十四名を残して敗退した。

東軍殊勲者として渡辺欣嗣、岩崎勇、河辺一彦、石橋毅一郎（明大）、江崎博正（中大）福田満、宮崎剛（慶應）、敗色歴然たる中で西軍の城戸亮（和医大）、堀田浩（関大）の健闘を称賛し、特色ある選手として原田周明（関大）、三木庸行（立命大）、野見山利彦（関大）をあげている（戦評、伊藤徳治、並びに伊藤茂吉）。

翌九日は、総勢東西八十名が出場し、優勝候補、西軍の吉田満博五段は、渡辺貞三（法大）に大外で敗れる。準々決勝で宮崎（慶大）を破った末木茂は同じ明大の曽根康治に敗退、曽根は東沢（日大）を破った一瀬泰男（関大あと東レ）を、大外から払い巻に転じて、見事優勝を飾る。

第五回の全日本学生選手権は、昭和二十八年十一月十四、十五日、新装なった大阪府立体育館で挙行され、この日初めてＮＨＫがラジオ中継をしたように記憶する。

「……東西対抗では、まさしく明大の黄金時代ともいうべく、東西の格差は大きかった。四段福田満（慶大）は西軍大将四段堀田浩（関大）と引き分け東軍の勝利。相当な差とは予想していたが、あまりにもその差が大きいのは実力とはいえ、ただそれだけでは片づけられないものがいくつもあった。体力的に見てさして差はないのだから、試合方法をよく研究して今一層の奮起が望ましい。」（戦評・森下勇）

翌日の選手権では、四回戦に進んだのは次の十六名であった。その結果――。
五段川島卯太郎（日医大）優勢勝　三段秋吉　明（中大）
四段渡辺欣嗣（明大）　優勢勝　四段河辺一彦（明大）
四段江崎博正（中大）　抽選　四段山尾英三（明大）
四段渡辺政雄（明大）　内股　四段石田昭二（日大）
四段渡辺貞三（法大）　優勢勝　四段福田　満（慶大）
四段石橋毅次郎（明大）　返し技　三段斎藤幹郎（日大）

四段末木　茂（明大）　優勢勝　三段菱山清一郎（関大）
四段堀田　浩（関大）　抽選　四段藤根文一郎（日大）
〈準々決勝〉
五段川島卯太郎（日医大）抽選　四段渡辺欣嗣（明大）
四段渡辺政雄（明大）　優勢勝　四段江崎博正（中大）
四段渡辺貞三（法大）　抽選　四段石橋石橋毅次郎（明大）
四段末木茂（明大）　抽選　四段堀田浩（関大）
〈準決勝〉
四段渡辺政雄（明大）　体落　五段川島卯太郎（日医大）
四段末木茂（明大）　体落　四段渡辺貞三（法大）
優勝戦は末木茂が渡辺政雄を体落で降し栄冠を獲得した。

「……先の国民体育大会で優勝者明大末木茂をものの見事に破って一躍名声をあげた岡山大学北島亭が場外に慶應主将福田満と共倒れして負傷し無念、試合を断念しなければならなかったのは惜しまれる……」（戦評・森下勇）

優勝旗の右和村五段（教育大）、となり曽根五段（明大）
前列左より四番目筆者四段（筆者蔵）

末木茂は新日鉄に行き若くして亡くなったと聞いた。また、渡辺貞三は、木村政彦門下に入ってブラジルに渡ったとか、アルジェリアで客死したとも聞いて、すでに数十年経過した。遠い記憶を辿ると、大阪遠征合宿時のことが偲ばれ、ほとんどが故人となっている。

東軍監督は宗岡哲郎（山口高、東大、前全柔連会長宗岡正二の父君）、副監督清水正一（のち日体大学長）であった。

さらにここで個人的感想を書き加えるならば、このあと天理大等の関西勢が台頭して学生柔道のレベルは東京オリンピックを前に、そしてその後も格段に進歩したと思う。

私は明大末木茂とは同年。たとえば彼は身長、体重とも、私（一六五センチ、六八キロ）よりひと回り大きいが、左右が利いて講道館少年組上がりらしい柔道そのものが違った。私より一枚も二枚も上だと初めから認めていた。講道館紅白戦等で三回試合をしたが、一度も勝てなかった。しかし一本負けは喫していない。

彼らを学生Aクラスとすれば、私は甘く見てもBクラスの上くらいの実力だったのではないか。末木君が案外早くして亡くなったのは残念でならない。一度じっくりと話し合ってみたい友人であった。

それならフランスの代表選手パリゼ四段、クルチーヌ四段とはどの程度かといえば、一九五五年（昭和三十）パリの「有段者会」（サンチュール・ノワール「黒帯会」）が毎週土曜日、川石道場で全仏から続々と参加して盛況だったが、両君との乱取りでは一本ないし二本をとったりとられたりであった。パリゼは二歳、クルチーヌは一歳年長で、三人の中では体格は私が一番小さかった。

一九五六年五月三日第一回世界選手権（蔵前国技館）では準々決勝にパリゼは七段吉松義彦（鹿児島県警）に内股10秒で敗れた。クルチーヌは夏井昇吉（秋田県警）の体落しに敗れた。ヘーシングは試合開始45秒で吉松の左内股に屈した。決勝では夏井が判定で吉松を降した。三位はヘーシングがクルチーヌに3分45秒右大外刈で勝利している。

ベルナール・パリゼは、先年パリで耳にしたのは不幸にも自死したという噂を聞き、悲しい思いをした。家庭内の問題か？　美人の奥さんとは子供と一緒にカンヌ近くでヴァカンスを共に過ごしたこともあり、よく知っていたのに悲しい限りである。

激闘の写真—木村政彦対羽鳥輝久の試合

ここに一枚の私の秘蔵の写真がある。

昭和二十四年全日本柔道選手権の事実上決勝戦といわれた、木村政彦七段と羽鳥輝久六段（慶應大、東京海上、のち九段）戦。木村は数々の試合で優勝を飾り、師範牛島辰熊の秘蔵子といわれ、拓大の黄金時代を築き、当時無敵といわれた。写真は、木村が必殺の右大外刈りを掛けているのを、羽鳥が立ったまま、左足首一つを差し入れ、耐えている瞬間である。

戦後の木村は全盛期を過ぎていたとの評判も聞いていたが、第一人者であることには、異議を唱える者は誰一人いるまい。一方、羽鳥は当時としては格上の木村にいわば五分五分の勝負を堂々と展開した。根っからのアマチュア、会社員として大勢の柔道ファンは刮

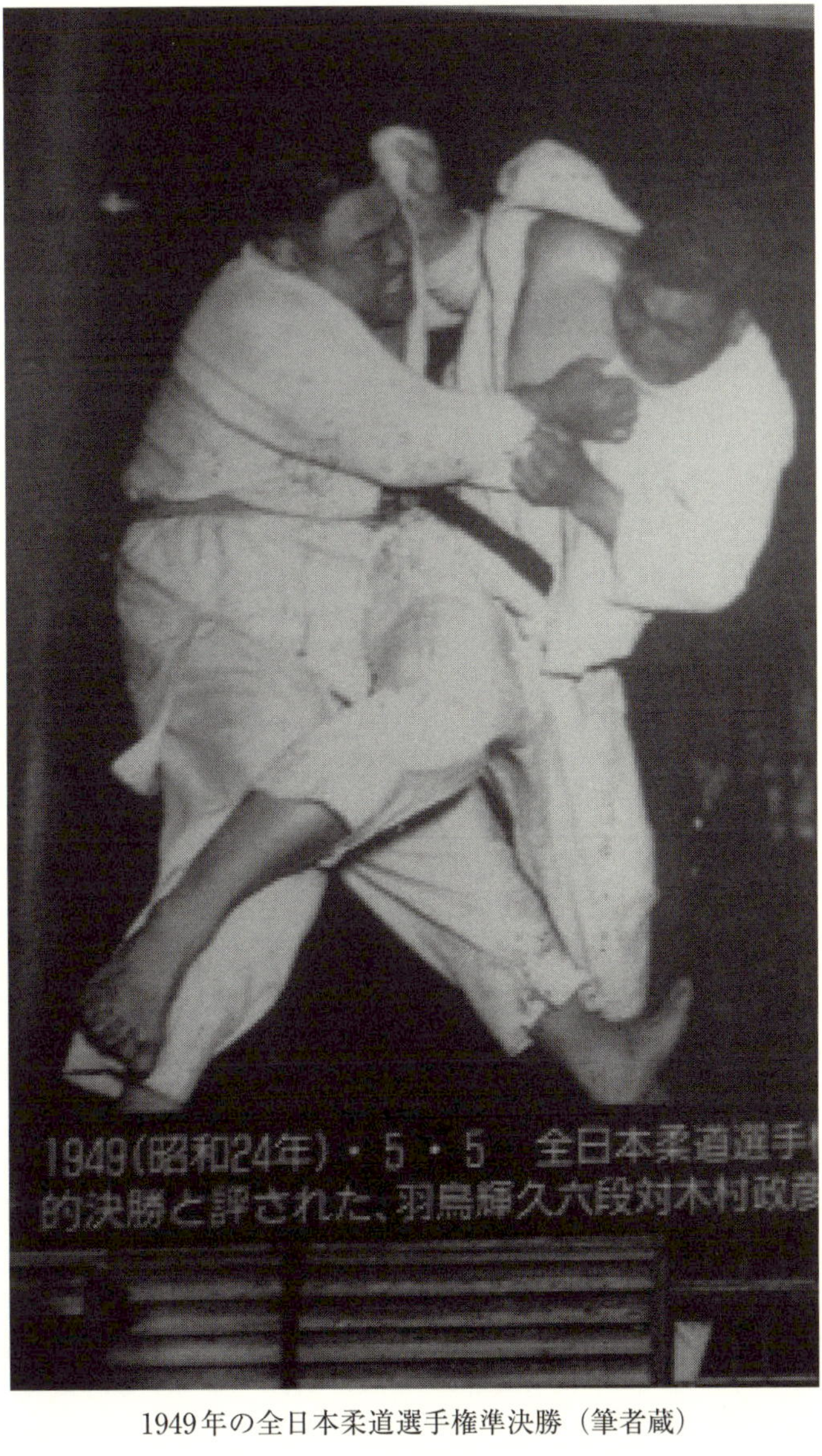

1949年の全日本柔道選手権準決勝（筆者蔵）

目して観戦した。

延長戦の末羽鳥は木村の関節技腕がらみで敗れた。私は当時高校生で上京して、実際にこの試合は間近な場所（蔵前の国技館の通行禁止？の通路あたりだったか……）で見た記憶が今でも鮮明に残っている。

試合のあと、控室で遠くから柔道着を脱いで汗を拭っている羽鳥の両腋の下には大きな赤アザが見えた。羽鳥は肥満型であったために、木村は羽鳥の柔道着と一緒に肉まで掴んでいたのであろう！　その光景は今でも強烈に私の眼底に残っている。

私はこの写真を携帯のスマホに入れてあるが、本当に柔道がわかっている何人かの新旧友人に見せると、皆異口同音に「これが柔道！」と、皆が言う。

木村の左軸足のかかとの下の一点を内からとらえて上半身の怪力を止めている。羽鳥さんとは何回となく稽古をしていただいたが、肥満体ではあったが、少しもその体重差を感じさせない軽妙な動きには、今なお驚きと共に六十年前の私の身体がそれを覚えている。「やわら」とはこのことをいうのであろう。

高専柔道とは何？

昭和四十年五月の衆議院公聴会に参考人の一人として陳述した白崎秀雄は前述の通り『新潮45』昭和六十三年一月号に、往年の武徳会武道、高専柔道と今日の柔道家を対比して懐旧談として次の様に寄せている。

《木村政彦が台頭し、やがて全盛を誇った昭和十年前後からの十年間は柔道は国技としてしばしば天覧試合が行われ、中等学校では剣道と並んで必修の正課であった。

帝大柔道会は「柔道には投げ技も固め技（俗にいう寝技）もある以上、何から始めても自由」のルールを固持して独自の全国高等学校専門学校柔道大会（以下、高専大会）を主宰し続けた。講道館、武徳会も寝技では彼等に歯が立たなかった。

警察はむろんのこと、海軍、海兵団も強かった。町道場はあらゆる都市町村にあって、毎晩稽古していた。柔道をやらなかったのは陸軍くらいのものである。全国の柔道人口は少なくとも数百万人に上がったであろう。木村政彦はピラミッドの頂点に立っていた選手である。彼は講道館の投技にも勝たなければならなかったが、高専柔道の執拗にして獰猛極まる寝技にも勝たねばならなかった。事実双方に打ち勝って来たのである。

戦後、大日本武徳会は解散させられて、全国の専門家志望の俊才を集めた附属の武専こと武道専門学校はなくなった。中等学校の必修正課もなければ、帝大柔道会や同会主催の高専大会も消滅した。あるのは奇貨によって柔道の独占支配体制と段位発行権を日本体育協会を介して国家から保証されている講道館だけである。

その代わり国際化したではないかと云う人がいる。なるほどへーシングやルスカなどの強豪が生まれたのは事実であるが、かつてのつまり昭和十年代初め頃のレベルで云えば、彼等とても技術的にはとても問題にならなかった。

木村政彦は身長一六五センチ、体重八十キロ前後位しかなかったものの、胸囲は一三〇センチもあった。太ってはいなかったが、肩の盛り上がったV字形の身体には雄獅子のような威圧感があった。木村は戦後講道館の醍醐敏郎の如き多彩な技ではなかったが、投技では右の一本背負、大外刈が主で、高専柔道への対抗上自ら編み出した腕絡みと抑え技締め技等の寝技があった。いずれも必殺の恐るべき破壊力を持っていた。もし全盛時代の木村がヘーシングと立ち向かっていたとしたら、恐らく何の苦も無く一本背負か、腕絡みで逆を取られ三分とはもたなかったであろう。》

次いで、柔道こそ日本民族独自の体育文化と説く白崎秀雄は、そもそも古来の武士が格闘術から鎧組打ちを経て柔術を練り上げ、更に明治以降は特に高等学校や大学の学生が規定を作って試合の出来るようにした武道である。着衣のまま絞め、関節技、抑さえ込み、投技を含んですこぶる変化に富む日本民族の誇る体育文化であった、と説く。

柔道は嘉納治五郎が柔術を再編成したその俗語であるが、嘉納はわずか二、三年しか柔術を研究したことはなく、高等師範の校長であった立場から中等学校の必修科目として柔道を普及した功績が大きいのである。元来名称にしても二、三の柔術の流派は「柔道」と名乗っていた。「柔道」の名称も柔道そのものも嘉納治五郎が発明したように云う俗説は史実に合っていないのである。

これについては、専門家的見地からも私見を差し挟む立場ではないが、戦前から戦後の日本社会のまたは日本人の考え方生き方が大変革をしたことを、その時代を生きて来た証人の一人として、またいま生き残った者として、私は刮目して想起し熟慮するべきことであることだけは間違いないように思う。

そこでひとり私だけが永く胸にしまっておいた想い出である。当時パリのアヴニュー・モザー（モーツアルト通り）に日本料理屋「ぼたん」と云う店が一軒だけあった。店の主人は信州生れの日本郵船の船乗り上がりで、フランス女性の妻と開いた店であって繁昌していた。

ある日私がひとりで立ち寄ると、その主人が「あなたは柔道家だから……あそこに座っている人は有名な人らしいが、知っているか？」と云う。見ると夢にまで見た、柔道の象徴とも言うべき、木村政彦さんではないか！

想像よりだいぶ小さくなって、思ったより老けた感じの男が独りで日本食を食べていた。それから何かと用を言いつかったり、時に呼び出されては会社の仕事の合間に何かとお世話をさせて頂いた。

あとで考えれば力道山との事件のあと南米諸国を巡回して、日本に帰る前の言わば傷心不遇のパリ暮らしの時代であったのだろう……。

少年の頃から抱き続けて来た柔道の神サマ？　木村政彦の燦然と輝く数々の伝説の試合や経歴が語るイメージが次第に薄れてしまった様な切ない印象しか残っていないのは、私だけが知っている？　今ではちょっと恨めしい気もしないでもない……。

日本柔道オリンピック復活期成同盟の設立

オリンピック柔道、日本敗北の衝撃

昭和三十九年（一九六四）長い道のりを経て、アジアで初の東京オリンピックが開催された。日本中が熱狂した。そんな中、初めて採用され注目競技最右翼の柔道は、順調に勝ち進む。ひとこと補足すれば、柔道競技は男子だけ、そして軽量級、中量級、重量級、無差別級の四階級だけだった。

軽量級は中谷雄英、中量級は岡野功、重量級は猪熊功が順当に、当然のごとく金メダルをとる。あと一つ。むろん、無差別級も日本が勝つと、ほとんどの人が考えていた。だがしかし、最も重視された階級、世界最強の柔道マンとも言うべき無差別級で、日本代表の神永昭夫は、袈裟固めでオランダのアントン・ヘーシンクに敗れる。

これはあくまで私の個人的な仄聞であるが、当初ＩＯＣでは重量制が当然の如く主張されていたが、フランス側が柔道は真の歴史的技の成り立ち効用等から、柔術の神髄の柔能制剛の理論から反対してきた。最終的には妥協として無差別を入れたと言う。アメリカは四階級重量制優勝者を決めた上で、あと準決勝、決勝をもってグランドチャンピョンを決める方式を提案していたと聞いたこともあった。

重量制は年代を追って等級を増やす傾向が表れたのは、国家管理スポーツ共産圏諸国のメダル数獲得競争のあらわれだったと説明する者もいる。これらが柔道本来のいくつかの組手の変化から試合戦術、審判規定も変わってしまい、乱取姿勢から柔道そのものの技本来が根本から違ってきたと指摘している者もいた。

こんなことは国際柔連並びにＩＯＣの競技専門委員の責任範囲で、創始国日本が自信を以って説得すべき根本事項であったし、柔道の創始国として自信をもって断固主張すべきであるし、日本が強力に主導すべき問題ではなかったか。

柔道復活へ向けてのオール柔道家の大同団結

この事態から日本の柔道家、男たちのなりふり構わぬ熱い闘いが始まったのである。

先ずは昭和四十年（一九六五）五月二十八日に、第四十八回国会の衆議院「体育振興に関する特別委員会」が開かれた。この委員会では、前にも後にも初めて国会が「柔道を巡る状況は一体全体どうなっているのか」と、採り上げて白熱した議論が展開された。

【第四十八回国会衆議院体育振興に関する特別委員会議録】

昭和三十九年（一九六四）十月二十三日、新装なった日本武道館で挙行されたオリンピック柔道種目は、順調に軽中重量級と、日本が金メダルを獲得したが、無差別級ではオランダのヘーシンクに神永昭夫（明大、新日鉄）が敗れた。それ以来くすぶり続けていた国際柔道連盟内における不協和音、主としてフランスを中心とする欧柔連と講道館との軋轢が問題となったことはすでに指摘されていた。詳しい引用は割愛するが、第四十八回国会衆議院体育振興に関する特別委員会議録をここに要約だけを記述するので熟読願いたい。

昭和四十年五月二十八日（金曜日）

午前十時四十一分開議

（出席委員）

委員長　大石武一（以下敬称略）

理事　田中榮一　田辺国男　八田貞義　前田榮之助

委員　伊能繁次郎　上村千一郎　海部俊樹　川崎秀二　砂田重民

園田直　橋本龍太郎　毛利松平　辻原弘市

出席政府委員　松永勇（内閣官房内閣審議室長）

委員外の出席者

文部事務官（体育局スポーツ課長）　松島茂善

参考人（日本バレーボール協会副会長）　今鷹昇一

参考人（日本体育協会理事）　大庭哲夫

参考人（国際柔道連盟理事講道館）　川村禎三

参考人（柔道評論家）　白崎秀雄

参考人（毎日新聞社論説委員）　高橋武彦

参考人（日本バレーボール協会会長）　西川政一

大石委員長　オリンピック東京大会は非常な成功に終わりましたが、日本の優勝種目であった柔道とバレーボールが次回メキシコ大会では競技種目に入っておらない現状でございます。競技人口も多くぜひともこれを復活いたしたいというのが日本国民の希望でございます。この秋のＩＯＣ理事会では両種目の復活が強く望まれていますので、ご意見、お見通しなどについて承りたいと存じます。

西川参考人　バレーボールは男子はもう正式に入っておるわけです。女子が入っていない。

大庭参考人　昭和三十九年十月に東京で第六十二回のＩＯＣ総会を開きました際に、女子バレーの追加の要求を出しました。柔道については特別追加要求をＪＯＣからいたしました。いずれも東京大会の実績を見た上でのこととなっています。来たる九月二十八日ローマでＮＯＣの会議があり、十月にはマドリッドでＩＯＣ総会がありますから、ここに追加種目の要求を出すという段取りになるのではないかと考えています。

高橋参考人（注記——松山高、東大）　次のメキシコでは柔道が外されるということで非常にがっかりしています。しかしこの復活運動がなにか非常にごたごたしていることの一つに、日本の柔道界、これは講道館が中心でありますが、その講道館と事実上ＩＯＣに対して活動しておられるヨーロッパの柔道連盟のボネモリ博士との間がしっくりいってないところにどうも最大の原因があるのではないかという気がいたします。

その最大の原因はやはり去年のオリンピックで最も注目された無差別級で、日本が完敗した結果なのですが、何か日本の柔道界が一つのコンプレックスをもって、柔道の主導権がヨーロッパに移ってしまうのではないかという懸念がそうさせていると危惧するものであります。そのためにはそうした感情的な主導権争いを捨てて、やはり柔道の国際的団結が第一に必要であります。

日本にもボネモリ博士に通ずる一つのルートがあるようだが、そういう人たちが講道館と非常に感情的に対立して、講道館は講道館で、そういう動きを牽制するし、一方そういう人たちは講道館のあり方に対し必要以上の批判をしているようであります。そうしたしこりを解きほぐして一本になって進んでもらいたい。国会にもこうしたスポーツの一つの振興委員会ができているのですから、ぜひご努力願いたい。ことに国会には柔道の先輩方がかなりおられますし、積極的にむしろ講道館に対し、説得をしていただきたい。

いかにしたら、メキシコオリンピックの種目になることができるか、それを勝ちとることが、今重大な段階にあることを関係者は改めて認識をしていただきたい。かように思うわけであります。

川村参考人（注記――講道館、東京高師柔道）　現在国際柔道連盟は六十六カ国約八百万人、昨年の東京オリンピックの当時は五十一カ国でありました。

メキシコでの復活問題に関しては、嘉納履正会長がそういう委員に命じてボネモリ事務総長はじめヨーロッパの会長、それからスポーツ副理事というのがおりますが、そういう人に命じてＩＯＣ本部も近いものですから、ことあるごとに積極的に働きかけるようにということを会長名で命じております。

本年の四月、ローザンヌのＩＯＣ総会にもボネモリ博士が会長代理で出席しております。そのほか、嘉納会長からは各国柔道連盟会長に手紙でもってその国のオリンピック委員に対し大いに柔道を理解させてほしいと、そのような手紙を（以下略）。

今後もなお会長を中心に、国際柔道連盟が団結してメキシコ大会での復活に努力していきたいと思っております。

白崎参考人　ただ今高橋さん、川村さんからメキシコオリンピックに日本柔道の復活を期する大目的があるにもかかわらず、あたかもヨーロッパの柔道連盟と日本が対立しているような、あるいはしっくりいかない空気がございまして、それがジャーナリズムに先般来とりあげられています。いま川村さんがおっしゃった理想にもかかわらず、それがＩＯＣの前で露呈する結果になると思うのです。

一方オリンピック復活の問題は国際的に柔道マンすべての願いであると同時に、日本人としてどうしてもこれを実現しなければならぬという必然的理由があります。柔道はわれわれの民族のもっともオリジナルな文化であると私は信ずるものであります。

その柔道が、先般一九六二年世界選手権以来、一オランダ人にあたかも子供のごとく日本のトップレベルの選手がほんろうされ、昨年はこれまた、全然問題にならないような完敗をしております。

このかくも衰弱した柔道をふたたび生命力を吹き込んで、実力をもって世界に覇を争うというまでに仕上げなければなりません。特にあの無差別級で是非とも優勝しなければならぬということは、すべての日本人の願いではなかろうかと思うのであります。

一方ヨーロッパ人も非常に柔道に熱心でありまして、このオリンピック復活への要望に相呼応して、先般毛利松平代議士がローザンヌへ行き説得に努められた。その矢先にこういう問題、つまり国際柔連執行部に対して、日本の柔道連盟は不満を抱いている、場合によっては脱退するもやむなしというような由々しき発言がありました。このことはオリンピック復活という大目的の前に慎むべき言動ではないか。いろいろと不満はございましょうけれども、そのへんはヨーロッパ側と巧く何度でも協議して、大義を達成してもらうことが、全日本人の願いであると考えるのであります。

辻原委員（日本社会党　注記——和歌山師範柔道）私はまず川村さんにお尋ねしたいのであります。さきほど高橋さん、白崎さんがお話しになられましたような、もし仮にこの復活という問題が世界柔連内部のごたごたによって大きくブレーキをかけられておったりというようなことがありましたならば、これは単に柔道界だけの問題としては済まされない。私も産経新聞も読みました。また他のスポーツ新聞、あるいは現地におけるフランスの新聞記事等も拝見しました。あまり大きくとりあげられて国際柔連から日本が脱退するのではないかとまで予想されています。もちろんその間にはいろいろな理由もございましょうが、お互い日本という立場とフランスという立場における考え方の相違もありましょう。しかし、現実にそういうことをおこしたならばメキシコにおける復活は絶望で、その点について川村さんから率直に承りたいと思います。

川村参考人　私は国際柔道連盟理事の一員であり、全日本柔道連盟理事の端くれを汚しておるものでございます。その理事会評議員会に一度も欠席したことはございません。そして脱退という言葉も聞いたことはないのです。先日の評議員会では一部国際柔連の執行部のものからどう考えても天下に公表できない筋の通らないことが一、二ありましたけれども、ただの一度も脱退という言葉は誰からも聞きませんでした。しかし、翌日の新聞を見ますと、脱退ということが大きくとりあげられています。意見の相違というものはこと柔道に限らずどの世界にもあるものだろうと思います（以下略）。

辻原委員　意見の相違はあったが脱退なんぞということはいまだかつて語ったこともなく、そういう考えは毛頭ありませんというふうに、私どもは受け取ってよろしいのですね。それでしたら、いろいろ巷間伝えられているような事態は私どもの杞憂であった。

そこで具体的な復活については日本柔連も講道館を中心に非常に熱意をもっておられる。先刻私は、どうすれば復活の可能性をもたらしうるかとおたずねしました。私どもは私どもなりにその可能性を求めて今動いております。本年四月十一日ローザンヌの理事会は重要なキーポイントとなる理事会だと判断して急遽ここにおられる毛利松平議員が、私ども国会議員柔道連盟の意向を体して何ものの掣肘も受けず、また何ものにも拘束されず、ごくプライベートな立場で行ったのであります。

そのときの公式速記録を見ましても確かにこの理事会はきわめて大きな意味合いがあったと私どもは判断したわけであります。一方漏れ聞くところによりますと、この理事会に国際柔連の会長嘉納先生は招請を受けております。ところでいかなる理由によるか、この会合にはご出席がなかったと聞いております。

川村参考人 （略）私も確かに出席したほうがよかったと思う一人であります。ボネモリさんだったら立派に会長代理が務まる人でありますから、結構だと私はこの時にはそう思っておったのであります。

辻原委員 国際柔連で世界の柔道が一本化しておることは事実であるけれども、同時に本家といいますか日本が柔道の代表であると世界は見ている。それが現実であります。嘉納さんが会長をおやりになって、ボネモリが事務総長をやっておるからそれを委任したから事足れりというのはいささか形式的すぎる。問題がないときであればともかく、大問題を抱えているときだから私はあえて申し上げます。

ブランデージの新聞発表等に復活の可能性ありという示唆がありますから、国際柔連の中でさらに日本が指導的役割を果たすという意味において、重ねてこの復活運動を具体的に効果あらしめるよう重ねて川村さんにお願いするのであります。次に白崎さんに、私はたびたびあなたがスポーツ評論家として新聞雑誌等で語る記事を拝見している一人であります。あなたは、われわれの言わんとしているところをずばり言っておるところに敬意を表します。

白崎参考人　私の考えでは柔道そのものの生命力がはなはだ衰弱しておることは争えない事実であると思うのです。たとえて申しますと、現行の柔道ルールは講道館のルールでなければいかぬとなっております。これは終戦後当時のＧＨＱに対して文部省が、非常に極端な言葉で言えば、哀願泣訴して学校柔道の復活をしばしば懇請しております。アメリカ側も非常に強力なサゼッションによって今のようなルールにアレンジメントされたのであります。一例をあげれば、座礼ということを禁止しております。全部立礼でおこなうことになっている。

しかし私は、座礼というのは非常に形式的にみえるけれども、日本の文化に基づく重要な意義をなすもので、これをあえてアメリカ流の立礼でやるというのは、これは日本の柔道の本質そのものを改変することにつながるのであります。

戦後京都の武徳会は禁止され、その他赤門柔道会を筆頭に、旧帝大柔道会など講道館と相競っていた団体が学制改変等で悉く昔日の伝統、面影を失いました。そして講道館というオールマイティな存在が現出し、全日本柔道連盟が生まれた。そのような経過を辿って今日の柔道になっておるのであります。従いまして、日本人は柔道の総本山は日本であると思っておるし、また事実そうではあるが、その内実は甚だしく衰弱し、かつての俊敏な、また縦横無尽に技を展開した柔道とは内容的に異なっておる。そして今やそれを指導する全日本柔道連盟、その研究機関としての講道館たる講道館にも高いビジョンが失われておるというのが現実であろうかと思います。

国際柔道連盟内部でオリンピック復活を画策する、広範な国民的運動を展開する等、非常に重要なことでありますけれども、同時に柔道そのものの生命力、本当のあるべき姿、オリジナルなその生命力をさせるという努力が全日本の柔道を愛する人々の手によってなされない限り、柔道は衰退の一途を辿るであろうというふうに私は感じておる次第であります。

辻原委員　いつまでも日本の柔道が日本だけの柔道でなければならぬという理屈もなければ、世界のある国の柔道が日本より秀でて悪いという理屈もない。それが国際性である。ある段階でやはりそういうことがなければならぬ。イギリスで発達したスポーツが現在イギリスのものでないスポーツもあります。

毛利委員（自民党、注記—慶應柔道）本日はわが国の最高機関である立法府として時宜に適した委員会が開催されたことに委員長並びに理事諸君の労に対し深く感謝いたします。

先般私が四月十日のＩＯＣの常任委員会に行きました経過を簡単に申し上げます。十月にはマドリッドで総会があるが、四月は重要だからというのでジョナス事務局長（スイス、柔道二段）の意向がボネモリ博士から友人である関係上連絡がありました。財界の柔道ＯＢの方々十名ばかり。永野重雄さん、安西浩さん、安川第五郎さん、桜田武さん、浜口雄彦さん、それから政界の長老の石井光次郎さん、さらに世界柔道連盟の会長、日本柔道連盟の会長の嘉納履正さんもご出席の上に協議がなされたのであります。急を要するから君が行ってくれ。私は辞退をいたしましたが、あまりの熱心さに打たれて、二日間の余暇をもらって、つい行くことを承諾したわけであります。高石真五郎先生のステートメント、紹介状を正式に持ち、また日本武道館館長であり、国会柔道連盟の会長である正力さんの紹介状を持ち、さらに国会柔道連盟のご意見を集約いたしまして、国会週末の多忙の中にやむを得ず行かざるを得なくなって、行く以上は最善を尽くそうという決意のもとに、四月七日欧州に向かったのであります。

まず最初に、フランスの青少年スポーツ大臣エルゾーグ（注記、戦前エベレスト初の登頂記録をもつアルピニスト、フランスＩＯＣ委員）にお目にかかりました。ボネモリ氏にも同行願いました。来たる二十三日にメキシコのオリンピックのクラーク会長が来るから、エルゾーグ氏はクラーク氏と親しく非常な発言力を持っておるという事情がわかり、お話ししたところ快く承諾して協力を約束してくれました。今十八種目に固まりつつある種目を二十一種目にするよう協力する、フランスは次のオリンピックに柔道のメダリストを期待していると意欲を示されました。

ブランデージ会長をはじめ、常任理事の方々と私はできる限りお会いをしたが、皆さん非常に好意的でしかも東京は素晴らしかったと、寄る人寄る人が片言の日本語で私に話しかけてまいりました。世界各国の新聞記者は数十名来ておりましたが、日本の記者は一人も参加していなくて非常にさびしい思いをしました。オリンピック委員は欧州ファミリーを第一義的に考えている人々であって、しかも常任委員は皆老人でその国の最高名士である。

そこで私は日本の代表である大使を動かすことが重要であると考え、先年外務政務次官当時懇意な英国、フランス、イタリア大使にお願いして説得してもらいました。さらにパリからあるいはローマから長距離電話で数十カ国の大使やそれぞれのＩＯＣ委員に協力を頼みました。

その結論は、非常に困難であるけれども、十八種目を二十一種目に変え得る、きわめて有望である。しかし気は許せない、今努力しなければならぬというのを強く認識してまいりました。

どこに一番盲点があるかというと、日本柔道連盟に盲点がある。国際柔道連盟と日本との間に不信感や深い溝があるということを発見いたしました。そのことのよい悪いをいうのでなく、そういう経過を通じていかにこれから集約して日本柔道界をあげて宗家である誇りと伝統と権威にかけて、問題を推進しなければならぬ。国会柔道連盟においても、今辻原弘市委員のおっしゃるごとく、あるいは田中榮一理事にお願いをして協議をしておるという事情でございます。

先ほど大庭参考人の発言によれば、バレーボールの方が可能性が強い、柔道の方はよほど努力しなければならぬとのことでありましたが、日本体育協会としてもどうか先頭を切ってご協力を願いたいと思います。

大庭参考人　先ほど来いろいろお話を聞いたわけですが、私も日本のスポーツとしての柔道、これは同感の至りであります。メキシコで実施されることを心から願うわけで、JOCとしても絶大の協力を惜しむものではありません。

毛利委員　次に川村参考人に質問します。先般の新聞で国際柔道連盟脱退かの記事について、辻原委員の質問に対して、そういうことは言ったこともない――その言葉通りであってほしいしそう信じます。それが誤報であるかどうかは別にして、その及ぼす影響が六百万人の世界の柔道ファン、または多くの日本人が失望している。結果辻原委員のおっしゃるごとくIOCに響く姿というものは百万言を費やしても日本の権威と誇りということについてもプラスではなかった。こういう見解に対するあなたの御心境が一点。さらに来たるべきブラジルの世界選手権に不参加との噂を聞いております。噂であり事実は知りませんが、国際柔道連盟の理事であり、講道館の理事として、日本柔道連盟の最高幹部としての川村さんにおかれて、もしそれがどういう曲折によって不参加となった場合、その意図がなかったと言っても国際柔道連盟脱退という結論の裏付けをするものである。

先ほど白崎参考人のおっしゃるように、遺憾ながら伝統と誇りを持つ日本の柔道の体質が弱くなっている、ここに大きな曲がり角と問題点がある。その観点から影響の重大さを私は感ずるものであります。まさかブラジルにはいかなる事情があろうとも不参加などという結果を招かないことを願うと同時に、あなたの見解を承りたいのです。

川村参考人　私も長い間欧州におりましたし、日本のそういう新聞紙上のニュースというものが非常に早く伝わっておりますので、非常に残念に思っております。第二点のブラジルですが、実は私まだ知っておりませんのでただ今何かそういうことを聞いているということでございますけれども、私も耳にはしておりますけれども、全日本柔道連盟常任理事会ですか、そういうようなところで私はまだ正式に聞いておりません。ですから選手権にはぜひ、全日本柔道連盟の出場できるように大いに希望するものであります。

毛利委員　不参加というのは噂であり、私は単なるデマであってほしいと願っていることは劈頭から申し上げております。

次に日本の柔道が技術の面、実力の点で世界の柔道として生きる意義において曲がり角に来ている。私はこれから日本がさらに過去の伝統と誇りを生かす意味の悩みだ、こういうぐあいに認識して、小の虫を殺して大の虫を生かすためにわが柔道界は、特に川村さんの立場におかれては日本柔道連盟をひっさげ、講道館をひっさげ、全力をあげてこの問題に前進するようご要望申し上げると同時に、決意のほどをもう一度承りたいのであります。

川村参考人　国際柔道連盟のほうは常任の一人で、私も大いに発言できるのでありますが、日本の柔道連盟のほうはただいまお話しのようなひっさげることはまだできる立場ではございません。けれども私も柔道の国際性というものをひっさげることはできないにしても私は最善を尽くして努力したいと思います。

毛利委員　今のお言葉を信じ、かつお願いするものであります。一九三六年ベルリンオリンピックの後に日本にオリンピック（一九四〇、昭和十五年）招致のために嘉納治五郎先生が私費を使っていかにひたむきな努力をなさったかという、この歴史的事実はフランスをはじめ多くの欧州の長老たちは高く評価しております。われわれはそれを聞くたびに胸迫るものがあります。

この嘉納先生の精神を今こそ講道館の方々がひとつ回顧して生かしていただきたい。それを集約するものはメキシコ・オリンピックへの参加だ、こういうぐあいに私は理解しております。つきましては国会柔道連盟が一致団結してひたむきな姿勢になって柔道連盟の団結を要望すると同時に、なるべく早い時期に、いわゆる講道館はもちろん先頭を切っていただきまして、日本武道館もあるいは財界、実業柔道連盟、学生連盟、警視庁、国会議員柔道連盟が相寄り意識の統一と積極的活動に向かってそういう機会と協議会を持ちたいと私はひそかに考えております。これに対する川村さんの御見解を承りたい。

川村参考人　ただ今のお言葉は非常に力強く感じますし、感謝の気持ちでいっぱいです。どうかよろしくご支援をお願いする次第であります。

毛利委員　白崎さんと高橋先輩にひとつお願いするのですが、今日言論界のペンの威力というものはまことにおそるべきものがあります。日頃忌憚なくご意見をいただいておりますが、改めてお聞かせ願いたい。どうか六百万の世界の柔道愛好者の心をおくみとり願いまして、日本の柔道の誇りと権威を回復できますようにと切に願うものであります。

白崎参考人　ただいま毛利議員からお話がありました全日本柔道連盟を中心として、日本武道館とかその他財界実業団の連盟などが一つの委員会をつくって推進したらどうかとのご意見がありました。川村さんもまことに結構である、感謝にたえないというようなご発言あったと思いますけれども、この点極めて重要な提案であると私は思います。

戦前の話になりますが、講道館が存在してこれが技術的な切磋琢磨をしておる。一方武徳会があって、全国的組織で柔道を研鑽してきた。それからまた一方には帝大柔道会というものがございまして、これがまた非常に強力な団体であって、いわゆる高専大会を主催し、非常に高い技術と強力な人脈組織をもっておりました。その他学生柔連は言うに及ばず、警視庁、海軍海兵団も同様であります。

それがたまたま敗戦によって一本化され、全日本柔道連盟が出現しました。一本化は非常に結構なことでありますけれども、ややもすれば歴史的にみて伝統をもっておったいろいろの柔道、多少性格の違った柔道、あるいは柔術が、全部なくなりました。それが柔道の生命力を衰弱させた大きな原因ではないかと思うのであります。

高橋参考人　今柔道がなぜこんな状態になったのという最大の原因は、日本の柔道界が実力主義ではなくて貫禄主義になったのが最大の原因だと思います。

今日の柔道の悲劇は戦後の非常に柔道の断層期に育った人たちが指導してきたことだ。しかし、大学の優勝大会を見たときに、ようやく柔道らしきものが育ちつつあるという一つの萌芽を見ました。ようやく柔道にも反省というものが起こったので、この機を逸せずに鉄は熱いうちに打ての言葉の教えるところです。

実は東京オリンピックの前にへーシンクに初めて日本が負けたあと、これではいかぬと柔道界が立ち上がってくれるだろうとひそかな期待をもちました。ところがあのようなていたらく。その後の全日本選手権を見ると、あの張り詰めた気持ちはまったくなくなって、何をしていたんだと憤慨したのです。

幸い、国会がこのように柔道の問題をとりあげていただいておりますので、講道館だけにまかしておけない、そこはやはりわれわれ柔道マンとして、また愛好者として非常に遺憾なさびしいことではあるが、ひとつ鞭を当てて本当の柔道の形に取り戻していただきたいのであります。

私もペンに関わる商売でありますから、機会を与えられるたびに意見を述べてきました。ただ戦後学校柔道が復活ということで講道館と関係しており全日本選手権などの批判の記事を、君でなければ思い切ったことは書けないからと書かされた記憶があります。

ところがそういう人たちが講道館の中心にあって批判される立場になると機関誌『柔道』などに書く場を与えないようにし始めてきたということを私個人の経験から感じるわけであります。やはりわれわれのような素人――専門家から見たらそう見えるのかもしれませんが――私も二十年近く激しく濃密に柔道をやってきた一人であります。

こういう意見を率直に聞く講道館であってほしい。それをさせるのが国会の皆さま方の一つの政治的圧力というと語弊がありますが、今こうして必要になってきていると痛切に感じておる次第であります。柔道をやってきたものとしては今、非常に淋しい現状をなんとかご理解願いたいと願うものであります。

毛利委員　まことに貴重な意見をご多忙中の大勢の参考人からいただきまして深く感謝いたします。特に川村参考人には積極的に意欲と情熱を持った行動を、われわれは期待していることをお伝えし、私の話を終えますが、大庭理事には体育協会をあげてひとつ三種目復活へのご指導をお願いしておきたいと思います。

——続いて委員の田中榮一（八高、東大、日本武道館理事長、六十一代警視総監）、川崎秀二（早大、厚相、陸上連盟、ユネスコ協会理事、世田谷青少年交流協会設立）が次々と同様趣旨の意見開陳があって、それぞれ参考人などから説明があったが、長くなるので割愛する。閉会は午後零時五十八分となっている。

オリンピック復活の途を求めてパリへ

こうした国会での議論を含め導き出されたのは、柔道のオリンピック復活のために海外組織を含め、関係者に働きかけていくという行動であった。柔道復活期成同盟、産業別柔道連盟、国会議員柔道連盟らが相呼応し動き出した。

毛利松平衆議院議員は往年の本ものの柔道家で外務政務次官でもあったから、その人脈

左よりコラール仏IOC（三段）、ボネモリ会長、エルゾーグ青少年スポーツ大臣、毛利松平氏、筆者（筆者蔵）

を大いに活用しつつ、パリではボネモリ博士が自ら同行して、青少年スポーツ省エルゾーグ大臣を表敬訪問した。

エルゾーグ氏は元々大学の研究者であったが、若い頃、フランス人では初のエベレスト登頂をした人として、ヨーロッパでは有名で絶大な信頼がある。彼が日本柔道の理解者であるということは欧州各国に対し強力なアピールとなる。私は彼と握手をしたとき、両手の指先が半分ないのに驚いた。凍傷の跡である。

その次に起用されたもう一人が原文兵衛氏（旧浦和高、東大柔道部のち参議院議長）である。直前まで警視総監で気は優しくて力持ち「桃太郎お巡りさん」の

モスクワにてソ連体育省訪問のあと原文兵衛氏と筆者（筆者蔵）

育成を標榜して、難航した「吉展ちゃん誘拐事件」を解決し東京都民には絶大の人気があった。

欧柔連、ＩＯＣ各国の関係者を歴訪したほかに、パリではフランス警視庁のパポン警視総監を表敬訪問することになった。パポン氏はドゴール大統領の側近の一人であった。ノートルダム寺院近くの古い建物の前には厳めしい守衛が立ち、金ぴかの制服の古いコスチュームの護衛官が待っていた。

「おつきの方はこちらへ」と、私は別の控室に案内され、図々しくも期待していたパポン氏と私は握手できなかったのは残念であった。が、フランスの警察ではすでに護身術、逮捕術として柔術が採用されており、理解者、愛好者が多い。むろん柔道がオリンピック種目として復活することを当然ながら望む声が強い。日本に次ぐ世界第二の柔道大国というプライドもある。だから喜んで側面応援はするとの観測はしていた。

翌日、パリの新聞各紙にはデカデカと「日本の前警視総監原文兵衛氏がパポン総監を訪問。彼は日本では著名な〝サンチュール・ノワール＝黒帯〟柔道六段、次期オリンピックに再び柔道が採用されるよう、協賛を陳情しに来仏した」との大きく写真と共に記事が出ていたので、ここにもオリンピック創始国たるフランスの並々ならぬ応援とボネモリ博士の顔の広さと、根回しが及んでいることを知ったのだった。

英語の達人宮川毅との想い出

英語の達人、共同通信社宮川毅には、パリでの折衝ローザンヌの本部、マドリッドの総会等においてとりわけお世話になった。ＪＯＣ理事（国際担当）で、各国代表にはとりわけ顔が広い。

「あいつはフランス語だ。福田君、行け！」

……こんな流れで会場のホテルでは廊下トンビで駆け回った。

竹田恒徳、大場哲夫、八田一郎等から、各国代表の顔見知りを、ささいな情報でも教えていただき、日本柔道を話題にし、立ち話でも持ち込んで柔道復活を陳情した。

また、宮川はＩＯＣ会議議事録の英文と仏文の両速記録レジメを本部より入手して来て、これを今晩中に要約して読んでおけと云う。そして、どの国の誰が何んと云っているか、仕分けして明日の昼休みかレセプション夜会の時に、しゃしゃり出て話題にして柔道復活に賛成する様に説得せよ！　と云う。仏、英辞書を片手に夜中から明け方になるまで議事録全項を読んだことが想い出される。

そして、ＩＯＣ理事会のホテルでは、各国委員などから、「おまえはジュードー家か？」と聞くので、「そうだ」と答える。「何をしているのか？」とさらに聞くから、そこで私が「ミツビシだ」というと、とたんにみんないい顔をして、「ミツビシか！　ミツビシは凄い！　われわれの国では電車も走っている。車も知っている。ジャポンはすばらしい」と、話を盛り上げてくれ、ジャポン、ＪＵＤＯは誰でも知っていると、うれしいことを言ってくれるのだ。

美術評論家　白崎秀雄との想い出

パリでの折衝のため、当時好評発売中だった小型カメラ「キャノン・デミ」を各国の関係者に手土産としたほか、九谷焼小皿、工芸品小物なども用意した。それらは美術評論、作家の白崎秀雄が選定してくれた。

白崎は福井県出身、同郷の長谷川秀治先生に心底私淑していて、柔道評論にも一家言あり、昭和四十年の衆議院公聴会にも参考人として出席、古今の「日本柔道史」についての研鑽は他の追随を許さず、柔道史に残る貴重な証言をしている。

更に、こんなこともあった。会長のブランデージ（アメリカ）は大変な日本の美術品のコレクターで、以前に来日したときにお忍びで岩崎コレクションの「曜変天目茶碗」を見に行ったという。「ウン億円出しても欲しい」といったとか？　そんなうわさ話を白崎秀雄から聞いた。無知な私はなんの感興もなかったが、ただ一度握手したときのブランデージの手は、まるでグローブの皮のような、大きな手の感触だったなど思い出す。

彼はアメリカ・デトロイトの生まれ。大学で土木建築学専攻。一九一二年オリンピック・ストックホルム大会、陸上五種競技で五位入賞。一九二八〜一九三六年にかけ全米体

育協会会長。一九五二～一九七二年、第五代ＩＯＣ会長。一九七五年逝去（八十七歳）。

また或る日白崎秀雄がこう言う。「あんた、岩崎さんと友だちらしいから聞くが、一度でいい、近くから曜変天目を見てみたい」と。岩崎寛弥さんから「いいよ」と返事があって、ある日多摩川河畔の静嘉堂文庫を訪ねた。

白い手袋の学芸員が、うやうやしく木箱を持ってわれわれの前に現われた。白崎は緊張して坐っている膝の上で手にし、しばし無言。次第に紅潮した顔をあげて唸った。

「岩崎さん、そしてフクちゃん（彼は私をそう呼んでいた）、今素手でこの国宝を触っている……。明日死んでもいいです。……」

その時の光景は今でも、白黒フィルムが突然止まったようにまざまざと浮かんでくる。

岩崎、白崎、両氏共に亡くなって久しい―。

白崎秀雄は北大路魯山人を平成となって、日本の美術工芸において再評価させたことは衆目の一致して認める功績であり、前述の我が盟友関正夫がことのほか彼と親交を重ねて卓越した美術に関する鑑識眼を開眼高揚させ、地域社会への文芸の振興に貢献しているのが何よりも嬉しいことである。

岩崎寛弥さんは公私共に一方ならぬご交誼をいただいた親友である。晩年には私は何一つ報恩感謝の気持を伝えられなかった。彼にとっては私は単なる凡友、仔分の一人に過ぎなかったであろう。それを陳謝してこの場を借りて感謝の意を捧げたい。

日本柔道オリンピック復活期成同盟の成果としては、昭和四十三年（一九六八）オリンピックメキシコシティ大会における柔道復活はかなわなかった。十八種目という種目の壁に阻まれ、英国、デンマーク委員等の原則論に押し切られた。

しかし、オープン競技としては認められたので復活に向けての強力な運動は決して無駄ではなかった。同年マドリードでの会議で、オリンピックミュンヘン大会の採用種目数を二十一種目に増やすこと、そして柔道種目も再び復活することが正式に決定されたのである。

フランスIOC委員　フランソワ・ピエトリの貢献

この間から私はひとりのフランス人の肖像写真を飽きずに眺めている。

フランソワ・ピエトリ一八八二年（明治十四）～一九六六年（昭和四十一）八十四歳で逝去。

近代ヨーロッパの激動の時代、第一次から第二次大戦にかけてフランス歴代内閣では海外領土、海軍、財務等の各大臣を務めた政治家で、新興ナチスのヒトラー・ドイツが開催したベルリンオリンピック（一九三六年・昭和十一）を挟んでフランスIOC委員であった。ナポレオンと同じコルシカ島の貴族の家に生まれ、若い時から傑出した「三銃士」で名高いガスコン魂をもった剣士で永年フランスフェンシング連盟の会長であったと云う。

F・ピエトリは年齢的には嘉納治五郎とほぼ同年のP・クーベルタンよりも二十歳余も

フランソワ・ピエトリ（筆者蔵）

年下である。私の手元にある「フランスIOC年報」一九四九年（昭和二十四）版を見ると別表の如き約二百名の創立以来の名簿が出ているが、ピエトリはとりわけ嘉納に私淑していて、ことある毎に、「日本武士道とは、プロフェッサー・カノウその人だ」と、尊敬していたことが伝えられている。

実際には一九四〇年（昭和十五）東京オリンピック招致を決めたカイロ総会（一九三八年・昭和十三）に於ける協力から始まって、結果は戦争のため日本が返上・中止となったが、戦後の一九五九年（昭和三十四）五月ミュンヘンに於ける戦前から引き継がれるＩＯＣ総会で、一九六四年（昭和三十九）東京が決定するが、嘉納の遺業と紆余曲折を熟知しているフランスＩＯＣのピエトリが中心となって主導、大奔走して決定を見たのだと云う。

『嘉納治五郎と幻の東京大会』（産経新聞、金子昌世構成）はそれを詳しく伝えている。

死せる嘉納が生きるＩＯＣ委員たちを動かしてオリンピック東京が実現し、柔道が種目として採用されたのである。嘉納は一度も自ら柔道を種目とせよとはＩＯＣに、自ら陳情請願したことはなかった。

ただ、「武士道」の精神を説き、クーベルタンの近代オリンピックの西洋ヘレニズム（ギリシャ精神、創設の理念）と東洋の文化芸術の神髄が融合することに意義があると力説し続けて来たことに、ピエトリ達は触発して奮迅したのだと記録には残っている。

若し戦前からのそれらの歴史的経緯を調べるか熟知していれば、当時恐らく前回オリンピック前後の日仏柔連の対立はなかったろう。ピエトリは隠居していたであろうから、人を介してでも嘉納治五郎の業績、言動、遺志を事前に訊くかして、少しでも彼等フランスＩＯＣ仏柔連の努力貢献を認知していたら無用の軋轢はなかったのではないかと思うと、残念である。

国際柔連も日仏協議して、オリンピックの運営遂行も巧く行ったのではなかったかと考える時がある。一言でいえば国際的感覚の欠如であったと云わざるを得ない。

当時、かく申す斥候兵通訳の分際では如何にも荷が重すぎた。

しかし、ピエトリの写真を見ているうちに、私だってボネモリさん達と一緒にピエトリに会うことが出来たかも知れなかったのに、こんな小僧では、……ＩＯＣの歴史的事実を知らなさ過ぎた。チンピラがいくら背のびしても出来る仕事は知れている——。しかしピエトリ氏は当時隠居生存していたのだから今当時の記録を調べれば調べるほど、せめて一度でもお会いしたかったと後悔の念が湧くのである。

国際オリンピック委員会（IOC）委員名簿
［1894年（明治27）～1949年（昭和24）］
＊「フランスIOC年報」1949年刊より

創立者：Baron（男爵） ピエール・ド・クーベルタン（1863～1937）			
就任順番	氏　名	在任期間	国　籍
1	E・キャロット	1894(明27)～1913(大2)	フランス
2	D・ビケラス	1894～1897	ギリシャ
3	General　ボウトウスキー	1894～1900	ロシア
4	General　バロック	1894～1921	スウェーデン
5	ProfesseurW・M・スローン	1894～1925	アメリカ
6	ジャルコフスキー	1894～1945	チェコスロヴァキア
7	ケメニイ	1894～1907	ハンガリー
8	R・アンティール	1894～1898	イギリス
9	C・ハーベルト	1894～1906	イギリス
10	ジビシュール	1894～1907	アルゼンチン
11	C・A・カッフ	1894～1905	オーストラリア
12	L・パリイ	1894～1907	イタリア
13	M・ブッシイ	1894～1901	ベルギー
14	A・カラファ	1894～1898	イタリア
15	ゲブハルト	1895～1909	ドイツ
50	B・N・スヅオコフ	1906～1912	ブルガリア
60	Baron　ウェンニンゲン	1909～1914	ドイツ
64	Professeur　嘉納治五郎	1909(明42)～1938(昭13)	日本
100	Professeur　F・ブカー	1920～1943	ユーゴスラヴィア
128	Dr.　岸　清一	1924～1933	日本
134	Count(伯爵)副島直正	1934～1948	日本
136	エブリー・ブランデージ	1936～	アメリカ

150	D・A・エウィング	1929～1933	チリ
165	杉村陽太郎(駐仏大使)	1933～1936	日本
167	F・ピエトリ	1934～	フランス
173	Prince(公爵)　徳川家達	1934～1939	日本
187	永井松三(駐独大使)※	1939～1950	日本
188	Dr.　高石真五郎	1939～1967	日本
197	B・G・ワーゲ	1946～	アイスランド

＊嘉納就任時1909年(明治42)のIOC国別委員分布状況
フランス：3名、アメリカ：5名、ロシア：4名、ドイツ：8名、
イタリア：5名、イギリス：4名、以上の6か国で小計29名、
その他東欧中南米諸国の委員を含めて合計64名である。
※永井壮吉（荷風）は従兄。

福沢諭吉「体育の目的を忘るるなかれ」

人間の教育は知識だけの一方に偏ってはならない。

身体は運動をして筋骨を発達せしめることが大切である。

全国の公私立の学校でも書生に体育を重んずるの風を生じたるは、国家のためははなはだ悦ばしい次第であるが、世間では目的を達するための手段と、目的そのものとを混同し手段だけに言及して肝心の目的を看過する者あり、これは大間違いの沙汰である。

世間の体育熱心家を見るに、大概みな身体発育の一事をもって人生の大目的なりと心得ている。たとえば、金持ちの子弟などの中には、狩猟、騎馬、舟漕等の諸戯に熱中し、これで身体や心の健康発育を得ようなどと本来の体育の深意に反し、ただ自分の面白き遊戯に技量をして一時の快楽を得ている。

体育は立身の一手段たるに過ぎないという事実を忘れ、これをもって人生の目的なりと誤認している。

これは目的と手段の混同で、体育論者の中には身体の発育のみを重んじている者がいる。世間が腕力家が多く出現することだけを唯一の目的とするならば、ことさら弱々しい書生等に不得意なる力業をさせるよりかは、むしろ平素よりそのチカラワザに慣れている下等社会の人足、車夫、または力士等を集めて腕力を開示させたらいい。もともと書生に腕力は必要ないというのは力士に学問する必要がないというのと同じである。

今日の学術理論上の研究結果から、人間の肉体と精神の間には密接な関係があって、身体の健全発達は知識の開発進歩に相互に寄与していることが実証されている。そのために教育の現場では体育を奨励している。

ところが書生たちの中で体育スポーツを口実に遊戯に耽り学業を怠り、肉体の強壮なるにまかせて不品行、不養生をしてひとり得々たるが如きは実に言語同断と言わざるを得ず。

彼らが運動をしてただ身体を強壮にするだけでは、世間は何の利益にもならない。日々の食物の消失が増えるのみで甚だ国家の不経済の種である。

私はもともと、体育スポーツが嫌いではない。熱心にその振興を主張するものだから、今ここに体育論者の中に、その目的を誤解する者少なからざるを見て、一言、反省を促したいと思うのである。

（明治二十六年二月二十三日「時事新報」社説一部抜粋、現代文に筆者拙訳）

「大事なことは、参加することだ！」—Important！ Cest de participe—
（……それは金メダルを獲るとらないではない……）
と言った。

五大陸の協和と繁栄を希って近代オリンピックを創設したフランスのクーベルタンの第一回アテネ大会（一八九六年）は、この福沢の論説が出てから三年もあとである。

おわりに

もう十年ほど前になるだろうか、力士稼業の相撲部屋で新弟子のリンチ殺人事件があった。加えてモンゴル横綱の暴行狼藉事件、そして賭博、八百長問題が続発した。それが飛び火したわけでもないと思うが、柔道界でも全日本選手権優勝者のプロレス転向騒動、そしてあろうことか金メダリストの強姦事件等が報じられた。

私は長い間すでに直接あるいは間接的にも柔道界の組織内の団体の責任ある立場でもなかったが、単なるOB、柔道愛好者の一人として同憂の士とはたびたび話題として語り合っていた。幸い全日本柔連、講道館は改革され宗岡正二新会長の下に出直しを図ったことを知り、ひとまず安堵の胸を撫でているところであった。

そのような経過の中でも四年ごとのオリンピックは挙行され、二〇二〇年には再び東京で開催されることが決まると、次第に人々の関心は高まり、金メダル獲得の数を予想し、マスコミはスポーツ万能、花ざかりの声援となって煽るから、またまた余計なスキャンダルが飛び出してきた。積年の膿《うみ》―下司で嫌な言葉であるが……、それを当事者がテレビなどで平然と同じ様に口にしているのにはそのたびに情けない気分になる。

女子レスリング、ボクシング、日大アメフト、体操協会等々と矢継ぎ早にその醜聞が露呈された。それが妙に個人競技、しかも格闘技に多いことも不思議である。

明治150年美しき日本人50人

回想は六十年前の前回のオリンピックの頃に遡る。

私は六年余のフランス滞在のあと帰国して、商社マンの駆け出しとして仕事を覚えるのに必死で丸の内にある会社に通っていた。週二回の稽古日に丸の内の道場に何とか出ようと思っても忙しくて行けない日もあった。

戦後の復興景気も勢いがついてきて軌道に乗り、念願の昭和三十九年オリンピック誘致を決めて日本は上から下まで湧き上がるようなオリンピックムードであった。柔道を専門とするものも、昔柔道着を着て汗をかいて来た男たちは、上は長老の政財界人、大臣、社長まで、下は学生はもちろん、新入社員の柔道部員まで、なりふり構わず柔道を語り、オリンピックを羨望していたといっても過言ではなかった。

しかし昭和三十九年十月二十三日、日本柔道はいわゆる本来の柔能く剛を制する柔道と考えられる無差別級でオランダのヘーシングに抑え込まれ敗北を喫し、一挙に暗転する。挙句、オリンピックの柔道は開催国日本の特定種目であったために、四年後メキシコには正式種目からは除外されていることがわかったのであった。

東京では自らの柔道人生のいわば集大成の願いを込めて日本武道館を完成させた正力松太郎ほか、往年の柔道ＯＢをはじめ政財界、言論界、官界、学界等結束して結成されたのが「日本柔道オリンピック復活期成同盟」である。私は事実上ＩＯＣ本部との折衝役の国際柔道連盟専務理事ボネモリ氏からは、その経緯をたびたび聞いていたし、嘉納履正会長の往復書簡写等も見ていたこともあって、両者の間には円滑を欠く打ち解けない間柄を事毎に感じさせるものが窺われた。ボネモリ氏の言い分では、

「おまえに言っても仕方ないが、どうしてジャポンは柔道のことしか知らない人間ばかりが出てくるんだ！　ショウリキも、ハセガワも、ナガノ、イノウエも知っている。みんな

国際的感覚をもっているというのに、なぜ出てこないんだ！」

と、ことあるごとに言われていたのが、まだ記憶に鮮明に残っている。

おそらく当時永年パリ在住の川石造酒之助はオリンピックには「われ関せず」然を決め込んでいて、おのれの『柔道教本』の売れ行きだけを気にしていたから、頭から講道館とは疎遠であり対立していた。私には当初は直接係わりのないことだったから、そのくらいの観察と認識しかもっていなかった。

ところが、次第に私としてもとりわけお世話になった赤門柔道会の大先輩たちが血眼になってオリンピック柔道復活を説く。一方パリのボネモリ氏には恩義があるからできる限りの奉仕と心得、役に立つなら献身努力しようと決めて奔走することになった。

残念ながら、今では当時の関係者は悉く故人となられて誰一人残っておられない。私がすでにこの年齢だから、手元にあった記録も四散して断片的にしか残っていない。

そんなとき、平成二十九年に文藝春秋社の月刊誌「文藝春秋」四月号に「明治１５０年美しき日本人50人」の特集にパリの藤田嗣治先生の想い出を書くことを依頼された。

何回かの打ち合わせ雑談の中で話がフランスの「ジャポニズム」、「パリの日本人会」の話から「柔道」そして「オリンピック」となった。私はフジタを見ると「彼は誰よりも日本人であり、日本的だった」から、フランス人は彼を愛し、彼はパリの寵児となったのではないか？　と説いた。そして話が日仏柔道の変遷に及び、オリンピックになると、私は知りうる限りのオリンピック問題をあげてフランスＩＯＣの貢献と嘉納治五郎の遺志を継いでその復活になりふり構わず尽力した六十年前の柔道家政財界人のお歴々がいたことを話した。

それは「オリンピック秘話、裏話ともいえる歴史だ……」

と、編集者は興奮して何とかまとめて書けという。

さらに私は柔道を専門とする者でもないし、すでに数十年が経過していることを振り返り、回顧録を書くと云う程の経歴もなかったのでためらいもあったが、その生き残りの証人として記録に残すのも務めであると重ねて勧められて、書き始めたのである。

黄色い嘴を差しはさむような言い方だが、もし講道館が一概にフランスの「カワイシ柔道」を異端視し排斥せず、カワイシも自らフランス柔連またはＩＯＣとの間に入って調整をするという寛大な行動があったなら、後年の国際柔連会長から嘉納履正会長の追放されることもなかったであろう。

また近頃はだいぶ良くなったが……ひところの審判規定の国籍不明で判定不能な格闘技「JUDO」が蔓延することもなかったのではないかと考えている。

「日本武士道の伝承」「ジャポニズムに対する憧憬」を強調して、傾倒したフランスIOCクーベルタンほかの要人達、そして現在は直接には知ることはないが、仏柔連の見識の高い連中であれば、解っていただろうと思う。いま次第に私には解明されてきたような気がしている。

ボネモリ氏はこんな言い方をよくしていた。

「東洋の日本にその起源を発する唯一のオリンピック種目柔道……」

「オリンピック種目数ある中で、たった一つの日本が創造した柔道……」

そして別項でもふれるクーベルタンの右腕IOC理事、国務大臣等を歴任し、永年仏国フェンシング連盟会長も務めたフランソワ・ピエトリの貢献を改めて調べて見ると、次第に解って来た。

「日本のサムライ、武士道とはプロフェサー、カノウジゴロウを見ればそれがわかる……」

と云うのが口癖で、尊敬を払っていたことを伝えている。

嘉納は柔道を一種目として売り込むだけでIOCに参加したのでない。むしろ日本国全体の体育振興、スポーツ全般の奨励を説いて、欧米以外唯一の加盟国その委員として行動した。その手足となって協力したフランスIOC委員フランソワ・ピエトリ等が中心となって柔道種目をオリンピックに採用させたと云う経緯が明らかになっている。

ピエトリはクーベルタンと嘉納からみて年齢は二十二歳も下。

「Important! C'est de participe」(大事なのは、参加することだ!……暗に金メダルだけでない……)と、短い言葉でオリンピックを表現した。

もしこれらのわずか半世紀余の歴史的事実を少しでも知って、国際柔連のボネモリ氏と世界柔道のために協力して応待していたら、今日の柔道も違っていたであろうし、その片鱗が今日少しでも残ったかも知れない。そしてIOCに日本は不動の存在感を示し、同時に国際交流或いは対立紛争の中でも日本は有効な発言力を獲得出来ていたかも知れない。

西欧人にとってはタタミの上にキモノを着て坐ることに彼らは優雅な陶酔を覚えるのだと言う。これはフランス贔屓のフランスかぶれの八十翁の戯言とお許しをいただきたい。

ようやく次回ミュンヘンオリンピック（一九七二年）復活の目途もついたが、騒動はなかなか治まらなかったある日、私は財界の大御所Aの秘書から電話を頂戴した。今晩空いていたらちょっと遅い時間だが、赤坂の料亭Cに来るようにとのことであった。その通り行ってみると、開口一番、

「いろいろご苦労さん。君は本当によくやってくれた。慰労会だ。まず飲め！」

そしてしばらくすると、その人はおもむろに口を開いてこう言った。

「オレは決めた。もう柔道のことについては関わり合いたくない。金を出すのも、口を出すのもやめた！

わけのわからん野郎どもばかりだ。君ももう関わりをもつことをやめろ。そして社務に専念しろ！」

五十年も昔の話だから、この人はとっくに故人となられた、あえて懐かしい思い出として何十年も胸におさめておいたことをいまここで明かす。

私はそのあと三年ほどして会社は依願退職した。人は燃え尽きたのか？　と言って笑っていたのだろう――。

こうして遠い記憶をたどっていると、様々な光景が、そして内外のいろいろな人たちの面影が浮かんでくる。それにはいつも「柔道」という絆が、ある時は強く、またあるときには華麗に結びついて繋がってくる。それが私の人生も終局に近づいて来たので、やがて幕を降ろす紐を、いま私の右手が握っている。

その報恩感謝の気持を込めて書き始めてから、人々との「日仏の出会い」(Rencontre Franco Japonais) を気取って「柔道自分史」のようになってしまったが完結を前にひそかな安堵と歓びを感じている。

寵辱皆忘

いまも、次々とお世話になった先生、そして先輩、懐かしい友人達の顔が浮かんで来る。そして、中から一人だけ挙げよと言われたら、それは間違いなく長谷川秀治先生である。初めてお目にかかったのは東大の七徳堂の道場であったことは既に書いた。

「……眼の前に現れたチャンスは、確実につかむことだ！ ……」

とのひと言で、その時私の眼の前のフランスに続く人生の扉が開かれた。

六年余に及ぶフランス生活の後に、長谷川先生のお蔭で色んな各層各界の著名な先輩達を識り、またその謦咳に接することが出来て、その上親しくお話を聴く機会に恵まれたことは若輩として望外の歓びであった。これは正しく私には過分なる「寵愛」を頂いたと思って感謝している。先生は正力松太郎さんとは、柔道部の先輩後輩で気軽に昼食を共にされていたが、一度ならず二度三度私まで有楽町の個人事務所で培食の機会を頂いたことをいま想起している。

先生の御臨終の日は一日中、私は市川の化学療法研究所病院にいた。私は引きも切らず次々に集まって来られる老若の医学者達に驚いて隅の方で家族の方とも離れて待機していた。その時「……先生はどちらの大学病院ですか？　……」などと、声をかけられたことに戸惑ったことを覚えている。あれから四十年が過ぎた。その御縁を感謝している。しかし、世の中そんなに巧いことばかりではない。

中には普段おのれは上流を意識はしているが実際は無知無能で貧感であることもわきまえず、狭量で吝嗇の反面、こそこそと女癖だけは達者だと云う男にも遭遇して苦労したこともあった。これは予期せざる私にとっては「屈辱」であり負の記憶である。

もうこの年齢になったのだから忘れてしまいたい⁉　それは「皆忘」と言うことか――。

清国末期のアヘン戦争は救国の将軍林則徐が辣腕を振るって侵攻する英国軍と戦い、緒戦では戦果を挙げた。時の皇帝や高官達は最大の賛辞を送り歓喜した。然し永年の怠惰と退廃の清王朝は更に再び堕落を始め、皇帝側近達は林則徐への讒言や裏切りを繰り返した。その為西方の辺境の地に左遷されて、失意の中に「寵辱皆忘」の一語を残し没したと云う。

私がここで長谷川先生を語ると、まるで映画「男はつらいよ」の〝寅さんと御前様〟のようになってしまうのでひとり苦笑している。

人生には様々な出合いと別れがある。

柔道家と柔道屋の違い

フランスではおよそ一年余りを共に過ごした友人、関正夫とは、すでに七十年に及ぶつき合いである。彼は海外経験を活かし、地元茨城では押しも押されもしない実業家として大成しているが、若き日の思い出は、お互い話し出せば尽きることがない。

昭和三十三年十月、彼がパリに着いた第一夜、カルチェラタンのホテル・スフローは私がとっておいた。これは永井荷風が明治四十年、四年間のアメリカ滞在を後に、念願のフランスに渡り横浜正金銀行（後の三菱東京銀行）リヨン支店に赴く前に宿泊したホテルであった。

永年わが敬愛する荷風がパリで宿泊したカルチェラタンのホテルだから、なんとか一度は自分も泊まってみたいと思っていた。その晩は彼の持参した一升瓶の「菊正宗」でカフウなんかそっちのけ、したたかに酔い、ただうれしくて楽しくて、語り明かした。

男の友人というのは、時系列や世間体、役職を度外視して、思う存分語り合えるのが何よりの証拠だ。これは柔道のおかげと感謝している。

先日そんな友人の中の一人で、その昔講道館紅白でも活躍した早稲田の闘将と云われた男と何十年振りかで懇談した。

「あんたの話を聞いていると、柔道を生業とするとか、専門家で体育の先生柔道とかややこしい！

柔道をするのが職業とか、わかりにくい！　昔から柔道にプロやアマあったか⁉　柔道をやる人を柔道家と云ってどこが悪いんだ！

自信をもってそう言わんか。おれはそう呼ばれたいと思っている。

柔道しか知らない？　腕力だけが自慢⁉

それはアタマの中迄筋肉なら問題は別だ――。

それを柔道屋と云うんだよ！

そうしたら、あんたの話がわかり易くなるよ……」

一杯機嫌で蒟蒻問答みたいな話になった。

そうか⁉　柔道家と柔道屋か‼、うまいことを言いやがる……　妙に納得して腑に落ちた気分になって更に杯を重ねた。

こうして年々忍び寄る老衰が体力も知力も奪うのを感じながら黙々と生きている。


そんな折から出生地も出身学校も異なるが、ただ会社の柔道部を通して知り合った、面白い先輩、変わった爺さんというだけで付き合ってくれた中川徹（北大柔道旧交会）と、その兄中川晶彦（赤門柔道会）に対しては、資料集め、原稿整理等、協力をして貰ったことに満腔の謝辞を申し述べたい。更に、父君敬七先生以来のお付き合いの石黒敬章氏から紹介された渡辺出版の渡辺潔氏は、最初は柔道なんぞの歴史も現状も知らなかったのが、すっかり事情通となり編集についての様々な助言をしてくれた。まさに本書は私のひと味違った「柔道本」にしようなどと云う我儘から始まったのであるが、みなさんのお蔭であることに感謝している。

そして青春の日々を過ごしたパリについては、フランス人の友だちも、ほとんど亡くなる中に、六十年を越えても電話口で、ひとことの呟きでその日の機嫌、いつもの仕草や顔色までもわかる友だちがいる……。

これはわが老残の心を和ませ、慰めてくれるひそかな歓びである。

年が明ければ、世間でいう米寿を迎える。

平成三十年十二月吉日

福田 満

■著者略歴

福田　満（ふくだみつる）

1931年新潟市生、新潟高、慶應義塾大学経済学部卒、1954年仏柔道連招聘、東京学柔連推薦により渡仏、ソルボンヌ大学聴講、1956年戦後再開三菱商事パリ駐在員、1960年帰国後本社勤務、1968年講道館六段、1970年依願退職、新潟にて自営業ほか会社役員等歴任。

オリンピック　それはフランスから始まった

－よもやまパリと柔道人生回顧録－

令和元年６月21日　第一刷発行

著　者　福田 満

発行者　渡辺 潔

発行所　有限会社渡辺出版

〒113－0033

東京都文京区本郷５丁目18番19号

tel./fax. 03－3811－5447

振替　00150－8－15495

印刷所　シナノ書籍印刷株式会社

ISBN978－4－902119－31－2